青春文庫

できる大人の人間関係

1秒でくすぐる会話

話題の達人倶楽部［編］

JN140313

青春出版社

はじめに

銀座のとあるブティックでは、お客に声をかけるとき、「何か、お探しですか？」という常套句をＮＧにしているという。とくに目当てとする商品がないお客は、こう問いかけられても言葉に窮することになるからだ。

その常套句の代わりに、同店では、お客が入ってくると、にこやかに出迎えながらも即座にお客を観察し、そのお客に合わせた〝くすぐり言葉〟をかけるという。

たとえば、色物のハンドバッグを持っている女性に対しては、「きれいな色のバッグですね」と、まずはくすぐりを入れる。そうして、お客の笑顔を誘ったうえで、「今年の流行色ですね」、「青がお好きなんですか？」などと話を展開していく。むろん、そうしたほうが、常套句ではじめる陳腐なセールストークよりも、売り上げが伸びることはいうまでもない。

接客に限らず、一般的な人間関係でも、「相手をくすぐる会話力」は大きな効果を発揮する。この世の中、人気のある人は、おおむねくすぐり上手といってもいい。彼ら人間関係の達人は、知人と出会った1秒後には、「相変わらずお若いですね」とくすぐり、初対面の人から名刺を受け取った瞬間には、「いいお名前ですね」と持ち上げる。そうして、すぐに打ち解け、雑談を弾ませ、人間関係を好転させていく。

とりわけ、近年は、こうした人をくすぐる技術が、以前にまして重要になっている。たとえば、部下を指導する際、昭和や平成の中頃までは多少キツい言葉で叱っても問題にはならなかった。ところが、現在、令和の時代に、頭ごなしに叱ったり声を荒らげたりすれば、上司のほうがパワハラに問われかねない。事の是非は別にして、今や部下を叱るときも、まずは「どうしたんだい、君らしくもない」のように、相手の自尊心に配慮しながら、指導することが必要な時代になっている。

むろん、そのように人をくすぐるためには、知識と技術が必要である。私たちは、「1秒で人をくすぐる」には、おおむね次の2つの知識とノウハウが必要と考えている。

1　バラエティに富んだほめ言葉のストック
2　その語彙力を自在に生かす会話術

要するに、「語彙力×話し方＝1秒でくすぐる会話力」という〝方程式〟が成り立つと私たちは考えている。

そこで、本書には、時と場合と相手に合わせて、人をくすぐるフレーズや語彙、人を喜ばすために必要な心理学的知見、経験的なハウツウ――など、大人なら知っておきたい知識と技術を満載した。

昨今は、SNSで「いいね」を出し合う時代ではあるが、今、目の前にいる生身の人に対しても、適切に「いいね」を繰り出す技術を身につければ、人間関係はかならずや好転していくはず。本書で、リアルな日常でも、自在に「いいね」を繰り出せる人になっていただければ幸いに思う。

話題の達人倶楽部

2019年9月

できる大人の人間関係　1秒でくすぐる会話■目次

4章 いろいろな場面でくすぐる 87

8章 大人っぽい言い方でくすぐる〈応用編〉 235

DTP■フジマックオフィス

1章　ひと言でくすぐる

1 人間関係はこの〝くすぐり〟で変わる

1章から4章にかけては、さまざまな場面で、「人をくすぐるフレーズ」を紹介していきます。「出会って1秒後にくすぐるセリフ」、「雑談中にくすぐるフレーズ」、「仕事中に上司や部下をくすぐる言葉」などなど、いろいろな人たちをのせるフレーズをあなたの〝大人語データベース〟に加えていただければ幸いです。

◉出会った瞬間に好感度を上げる方法

□少しもお変わりになりませんね

その日一日、相手と楽しく過ごせるかどうかは、当日の第一印象にかかっている。まずは会った瞬間、相手をくすぐり、楽しい気分にさせたいもの。そこで、目上や年配者にはこのフレーズを繰り出したい。「変わらない」という言葉を使うことで、「老いてはいない」というポジティブな感想を表すことができる。自分より年上の人と、久しぶりに会ったときには、このフレーズを使うのを習慣にしてもいいくらい。

□お久しぶりです、お元気そうですね

しばらくぶりに会った人に対して、「お久しぶりです」とだけいうと、ぶっきらぼうに聞こえることがある。「お久しぶりです」のあとに、「お元気そうですね」や前項の「お変わりありませんね」のような温かな言葉を続けると、再会した瞬間に相手をくすぐることができる。

□またお会いできて、うれしく思います

以前、一度か二度会った人、あるいは一時はよく会っていた人に対して、再会を喜ぶ気持ちを表すフレーズ。「あなたと会えてうれしい」という気持ちを率直に

伝えて、相手をくすぐることができる。

□その節は、お世話になりました

以前、世話になった人に対して、感謝の気持ちを忘れていないことを伝え、くすぐるフレーズ。「いつぞやはお世話になりました」も同様に使えるセリフ。人の世話になったときは、その場だけでなく、次に会ったときにも、感謝の気持ちを伝えると、好感度を高められる。世話になってから日が浅いときには、「このたびはお世話になりました」といえばよい。

□その節は、たいへん勉強になりました

目上や取引先などから有益な話を聞き、後日再会したときには、このフレーズを使うといい。小言やクレームを聞かされたときも、次の機会にこのセリフを使える。小言を言ったほうは「嫌われなかったかな」と気にしていることが多いので、このフレーズで安心させるだけで好感度をアップできる。

□その後、いかがですか

再会のあいさつに続けて、雑談を仕掛けるためのフレーズ。相手が「相変わらずですよ。そちらこそ、いかがですか」と質問返しをしてきたときには、「こちらも、とくに変化ナシで」という具合に応じればいい。内容のない言葉の交換でも、人間関係の潤滑油にはなる。

◉目上の人に会ったときの最初のひと言

□お会いできるなんて、光栄です

著名人、取引先の社長、業界の有名人など、相当目上の人と会ったとき、出会った瞬間にくすぐるフレーズ。「ご一緒できるとは、光栄です」、「ご同席できるとは光栄です」のように、変化をつけても使える。

□ご高名はかねて伺っておりました

初対面の目上を持ち上げるフレーズ。「高名」は有名かつ評判がいいことで、「ご高名、拝聞いたしております」のように、さらに上級敬語にグレードアップできる。相手が年下など、目上ではない場合には、「お名前は、かねて伺っておりました」と、敬語のレベルを下げて、くすぐるとよい。

□かねて私淑しておりました

「私淑」は、「私《ひそか》に淑《よ》しとする」という意味で、直接教えを受けたわけではないが、ひそかに慕い、手本にしているという意味。社内や業界の有名人らと初めて出会ったときには、このフレーズでくすぐるとよい。「かねて尊敬しておりました」も、同様に使えるフレーズ。

□直々に光栄です

目上から何かをされたときに使う社交辞令。たとえば、目上が手ずから茶を入れてくれたときや、酒をついでくれたときなどに、「○○さん、直々に光栄です」と繰り出せば、くすぐることができる。目上から直接、電話をもらったときやメールをもらったときにも使えるフレーズ。

◉初対面の人が喜んでくれる即効フレーズ

□一度お目にかかりたいと存じていました

人づきあいでは、とにかく第一印象が大事。初対面の人は、会った瞬間にくすぐって、和やかな雰囲気でスタートを切りたい。これは、初対面の相手、とりわけ目上に対し、「お目にかかる」を使って敬意を伝える言葉。一方、初対面の相手が同輩以下の場合には、「お会いできて、うれしく思います」といえばいい。

□今後とも、よろしくおつきあいのほど、お願いいたします

相手が同輩以下でも、初対面の人に対し、「よろしく」だけですませるのは失礼。

たとえ、相手が年下でも、このように謙虚にいって、頭のひとつも下げておいたほうが、第一印象は確実によくなる。

□これをご縁に、よろしくお願いします

仕事関係で知り合った人に対する定番フレーズ。「ご縁」という言葉を使うことで、相手との出会いをポジティブに受け止めている気持ちを伝えられる。「ご縁ができて、こんなにうれしいことはありません」といえば、その気持ちをよりはっきり伝えられる。

2 人間関係をまるくする言い方とは？

◉他人の家を訪ねた時の〝くすぐり〟のコツ

□閑静な、いいお住まいですね

人の家を訪ねたら、まずほめ言葉を繰り出すのが、大人社会のお約束。これは、その基本フレーズ。「静かなところですね」というと、「田舎くさい」というニュアンスを多少は含むので、「閑静な」という〝家ほめ〟の専用語を使う。

□日当たりがいいですね

人の家を訪ねたときには、気づいた長所を素直に口にすればいい。高台にある家は「見晴らしがいいですね」。駅やコンビニに近ければ「便利そうですね」。コンパクトなマンションは「使い勝手がよさそうですね」。南向きの家は「日当たりがいいですね」のように。とくに長所が見当たらない場合には、とりあえず「住み心地がよさそうですね」といっておけばいい。

□立派な門構えですね

江戸時代までの封建社会では、身分や石高によって、門の大きさや様式が決められていた。その名残りもあって、屋敷、邸宅と呼べるような家は、まず門構えをほめるのが、日本のしきたりといえる。「立派な門構えですね」は、とりわけ、地方の旧家をほめるのにふさわしいフレーズで、こういえば、相手は「いえいえ、古いばかりで」などと謙遜しながらも、悪い気はしないはず。

□すてきなお部屋ですこと

「すてきなお宅」という言葉が似合うのは、一戸建てか、相当広いマンション。

２ＤＫくらいまでの部屋には、「すてきなお部屋」のほうがしっくりくる。一方、「すてきなお住まいですこと」は、マンションよりも、一戸建てに似合うフレーズ。なお、「〜ですこと」で締めるのは女性専用の言葉づかい。男性は「すてきなお住まいですね」といえばいい。

◉見かけ&着こなしを、さりげなくほめてみよう①

□いつもおキレイですね

女性と会ってすぐ、くすぐるフレーズ。「いつも」という副詞を使うと、「以前と変わらずキレイ＝今も昔もキレイ」という意味を込めることができる。女性の美しさをくすぐるときには、「いつも」を含め、「あいからわらず、おきれいですね」、「今日も、おきれいですね」など、〝つねに〟という意味の言葉を忘れないように。

□一段と、スマートになりましたね

相手のスタイルも出会った瞬間にくすぐれるポイント。単に「スマートになりましたね」とほめると、「前は太っていた」という意味にとられかねないので、「一段と」ではじめるとよい。「一段と」は便利な言葉で、「一段と、おキレイになられましたね」「一段と、腕を上げられましたね」などと、さまざまなくすぐりフレーズに使える。

□雰囲気、変わりましたね

年下に対して、この言葉を使うと、おおむね「大人っぽくなった」という意味になり、相手の成長ぶりをくすぐることができる。年下には「変わりましたね」、年配の人には「お変わりありませんね」が、効果的なセリフと覚えておこう。

□いつもオシャレでいらっしゃる

相手のファッションも、出会って1秒後にくすぐれるポイント。これは、その定

番のセリフ。「その服、すてきですね」というより、「いつもオシャレですね」といったほうが、会うたびにすてきな服を着ているという意味になり、相手をより喜ばすことができる。

□すてきなネクタイですね

人と会うときは、第一声で相手の装いをほめることを習慣にしてもいいくらい。ネクタイは、会った瞬間、男性をくすぐることができる絶好のポイント。「そのネクタイ、柄がいいですね」、「背広の色と合ってますね」などと、変化をつけられる。

◉見かけ&着こなしを、さりげなくほめてみよう②

□すてきなお召し物ですね

女性がドレスアップしているときや、男女を問わず和装のときは、この言葉でくすぐりたい。「涼しげなお着物ですね」などと、具体的に言葉を続ければ、さらにベター。

□何を着てもお似合いですね

相手がふだんとは違った恰好をしているときに使うフレーズ。とりわけ、女性がいつもとは違う雰囲気のとき、たとえば、いつもは制服姿の人がカジュアルな服装をしているときや、ふだんはGパンTシャツの人がドレス姿のときなどに、こう一声かけて、くすぐるとよい。「よくお似合いですね」とほめれば、衣服とともに、相手のセンスのよさもほめたことになる。

□見間違えましたよ

女性がドレスアップしているときや、和装のときに使うフレーズ。昭和の時代は、珍しく盛装している人を「馬子にも衣装だねえ」などと冷やかしたものだが、令和の時代は、そんな軽口はセクハラにも問われかねない。「つい、見とれてしまいました」も、同様に使えるフレーズ。

□その色、お似合いですね

こういうと、衣服だけでなく、その色を選んだ相手のセンスのよさをくすぐることができる。色づかいに関しては、「今年の流行色ですね」、「流行のブルーが、よくお似合いですね」、「すてきな色なので、華やいで見えますね」、「顔映りがいい色ですね」など、さまざまなバリエーションで、相手のセンスを持ち上げられる。

□今日はまた、秋らしい装いですね

季節に合ったファッションセンスをほめるフレーズ。たとえば、春は「春らしい装いですね」、「春らしい色のドレスですね」などといえばいい。なお、夏と冬には「〜らしい装い」という言葉は、ややミスマッチ。

◉訪ねてきてくれた人を気遣うちょっとした方法

□ご足労をおかけいたしまして、申し訳ありません

相手が足を運んでくれたときには、第一声でその労をねぎらいたい。「ご足労をかける」は、わざわざ足を運んでくれたことへの謝意を表す言葉。「ご足労いただきまして、ありがとうございます」のようにも使える。

□わざわざお運びくださり、恐縮です

これも、足を運んでくれた相手への謝意を表すフレーズ。「本日はお忙しいところ、わざわざお運びくださり、恐縮です」などと使う。

□お足元、大丈夫でしたか

雨の日に足を運んでくれた人を迎えるあいさつ。葬儀や結婚式では、あいにくの

天気の日には、「お足元が悪いなか、ご参列（臨席）いただき、まことにありがとうございます」とあいさつするのが定番。

□そこまでお送りいたしましょう

訪ねてくれた人が帰るときにかける言葉。こういって、最寄りのバス停や相手がタクシーを拾うあたりまで送ると、相手を大事にしている気持ちを伝えられる。

◉取引先の好感度が高い人の共通点

□お時間をさいていただき、恐縮です

取引先を訪問したときは、会った瞬間、敬意を表して、その日の第一印象をよくしたい。これは、訪問用の定番句で、会ってくれたことへの謝意と、相手の多忙さを気づかう気持ちを伝えることができる。なかなかアポがとれない、多忙な人に対して使うと、よりしっくりくる。

□本日は、貴重な時間をありがとうございました

打ち合わせや説明を終えるときの定番フレーズ。時間を割いてくれた相手への謝意を示しながら、話をしめくくることができる。単に「長時間ありがとうございました」というよりも、「貴重な時間」といったほうが、相手への敬意を表せる。

□勉強させていただきまして、ありがとうございます

目上や取引先に対しては、「勉強」という言葉で、くすぐることもできる。「本日は、勉強になるお話を伺うことができました」、「貴重なお話を伺うことができ、勉強になりました」など。訪問先で目上と話したあと、帰りの挨拶とともに使うといい。

□聞いていただいただけでも光栄です

その日の商談で、断られたり、手応えがなかった場合でも、こう応じるのが大人

のマナー。話を聞いてくれた相手に、感謝の気持ちを表すことが、今後のつきあいにつながっていく。また、目上には、「お会いできただけでも光栄です」、「お時間を割いていただいただけでも、光栄です」のように使うこともできる。

◉心をつかむ別れのあいさつとは？

□また、近いうちにお会いしたいですね

「終わりよければ、すべてよし」というくらいで、その日の最後のあいさつには注意を払いたい。別れるとき、単に「さようなら」というのは、冷たすぎるあいさつ。「失礼します」、「失礼いたします」も同様の感をぬぐえない。「失礼いたします」のあと、見出し語のように続ければ、最後に悪い印象を与えることはない。

□また、お目にかかれますのを楽しみにいたしております

前項を上級敬語化したバージョン。目上に対しては、こちらのフレーズを使うと

いい。

□あらためて、ゆっくりお話しましょう

その日は、事務的な話だけで終わった相手に対して、親愛の情を伝えるフレーズ。「今日は仕事の話しかできなかったが、次はいろいろ楽しい話をしましょう」という気持ちを伝えられる。その日は、ごく短い面談、立ち話程度で別れる相手に対しても使える。

□お風邪など召しませんように

おもに、年配の人や目上と別れるときに、体調を気づかってかけるフレーズ。風邪が流行する11〜2月頃に使うと、しっくりくる言葉。「悪い風邪が流行っているようなので、風邪など召しませんように」という具合に。

◉さりげなく使いたい定番の社交辞令

□ぜひ一度、足をお運びください

相手を自宅や自社に誘うふりをする社交辞令。引っ越ししたときや自宅を新築したときに使う常套句。典型的な社交辞令なので、こういわれたときに、「では、いつお伺いしましょうか」などと応じてはいけない。

□お役に立てることがありましたら、お声をかけてください

顧客を含め、相手を手伝う気持ちがあることを伝える社交辞礼。たとえば、会社を辞め、起業したとあいさつにきた人には、「ご成功を祈っています。お役に立てることがありましたら、何なりとお声をかけてください」などと声をかけておくのが、大人の付き合い方。

□何なりとお申しつけください

顧客に対する社交辞令。「ご不便な点があれば、何なりとお申しつけください」など。ただし、まれに、本当に何でもかんでも〝申しつけてくる〟客がいるので、その点は覚悟されたい。

□当日は、よろしくお願いいたします

後日、同席するとわかっている人にかける社交辞令。「次回のコンペでは、同じ組でしたね。当日は、よろしくお願いいたします」のように使う。なお、メールやハガキで出席の返事を送るときにも、主催者、幹事らに対して使える文言。

□ご活躍とのお噂、伺っております

風の便りに、消息を聞いている相手に対する社交辞令。「お久しぶりです。ご活躍ぶりは、風の便りに伺っています」など。「ご活躍」というポジティブな言葉を使うことで、相手をくすぐることができる。

2章　雑談でくすぐる

1 こういう何気ないひと言が相手にささる

◉自慢が多いタイプはここをくすぐれ

□なかなかできないことですよ

自慢話をする相手は、考えようによっては、話しやすい相手といえる。聞く方は、あいづちを打っているだけで、相手がどんどん話してくれるのだから。見出し語は、相手の話が自慢まじりのときに、くすぐるフレーズ。相手が「朝早く近所を掃除している」などと、たわいのない自慢話をしたときに、「いやいや、なかなかできないことですよ」と応じればいい。

□私などには、とうてい真似できません

年配の人の自慢話を「ご立派ですね」とほめると、言い方によって、生意気と受け止められることもある。そんなときは、「とても真似ができない」とへりくだれば、効果的にくすぐることができる。

□さすが、心がけが違いますね

相手が自分の習慣や日頃心がけていることなどに関して、自慢まじりの話をしたときには、このセリフでくすぐるとよい。たとえば、「毎朝、新聞の切り抜きをしています」などと話す相手には、このフレーズで応じるとよい。

□よかったですね！

自慢話などへの共感を表すあいづち。自慢話、幸せそうな話、ポジティブな話に対して、さしたる感想が思い浮かばない場合には、こうあいづちを打っておくと、とりあえず相手を満足させることができる。

◉相手の自慢話を引き出す質問とは？

□そんなにお上手だなんて、いつから始められたんですか？

人には、自慢話をして聞き手に共感されると、承認欲求を満たされた満足感が、聞き手への好感につながるという傾向がある。だから、雑談で自慢話を引き出すことは、好感を得る第一歩になる。自慢話を引き出すには、うまく質問することが必要で、見出しにしたのは、趣味の分野で意外な腕前を披露した人に対する賛同。ゴルフ、英語、俳句などで、相手が意外な能力を発揮したときには、このセリフで自慢話を引き出すといい。

□何かいいことがあったのですか？

相手の変化に気づいたときに使う質問。たとえば、相手が「きれいになった」と感じたときには「ますます、きれいになりましたね」に「何かいいことがあったのですか？」と続けると、話を広げることができる。

□どうして、そんなにお詳しいんですか？

ウンチクを披露する相手をくすぐる質問。単に「詳しいですね」とほめても、相手の自尊心をさほどくすぐれない。「どうして？」と質問することで、「尋常ではなく、詳しい」という驚きの気持ちを表し、相手をくすぐることができる。たとえば、相手が地元の歴史について解説してくれたときなどに、「どうして、そんなにお詳しいんですか？　研究されているんですか」などとくすぐればいい。

□○○にお強いですね。昔からですか？

相手の能力や腕前を持ち上げるフレーズ。たとえば、話の中にいろいろな数字をまじえる相手には、「数字にお強いですね。昔からですか？」、外国の話をまじえる相手には「海外事情にお詳しいですね。赴任されていたんですか」などと質問すればいい。

□成功の秘密を教えてください

相手が成功者であることを前提にして質問すると、自尊心をくすぐることができる。「今回の交渉に成功した秘密をお教えください」、「おキレイになった秘密をお教えください」のように。

□どうすれば、そういうことを思いつくんですか？

教えを乞う姿勢を見せれば、おおむね相手をくすぐることができる。たとえば、相手が名案を口にしたとき、単に「いい案ですね」とほめるよりも、「どうすれば、そういうことを思いつくんですか？」と尋ねれば、その案を思いついた相手の頭のよさやセンスをほめる方向に話を広げることができる。

□課長のようになるには、どうすればいいのですか？

上司や先輩に対するくすぐりフレーズ。「課長のように」という言葉は、相手が高い力量をもつことを表しているので、質問する形で敬意や憧れの気持ちを表現できる。

□どうすれば、こんな美味しい店にめぐりあえるんですか？

招かれた店をほめるのは、大人の常識。ただし、「いいお店ですね」と定番フレーズを繰り出しても話が広がらないことが多いので、そんなときはこの質問を繰り出せばいい。こう質問すれば、口の重い相手も返答せざるをえないので、話が多少は広がるはず。

□その上品さは、どこからにじみ出てくるのでしょう？

相手の品のよさをほめるとき、「上品ですね」というと、皮肉に聞こえることもある。見出し語のように、質問形にすると、嫌味なニュアンスが消え、くすぐり効果が高くなる。

◉〝驚くこと〟で喜ばせることができるって本当？

□なるほど

相手の話への感心を表すあいづち。言い方によって、さまざまな感心のレベルを表せる。深く感心したときには、「なるほど〜！」と「！」をつけるようにいい、ハッと思い当たることが場合は「なるほどっ」と短くうなずくなど、言い方を変えれば、ワンパターンな印象を与えない。

□それは知りませんでした

新情報や意外な話を聞いたときに使うあいづち。すでに知っている話でも、相手の話には、こうあいづちを打つのが大人のマナー。敬語化すると、「それは存じませんでした」で、上司や先輩に対しては、こちらを使うといい。

□ほう、そういうものですか

ウンチク用のあいづち。相手の博識ぶりを認める気持ちと、興味をもって聞いていることを表せる。

□ハッとさせられました

相手の話で、それまで気づかなかったことに、気づいたときに使うあいづち。たとえば、やんわり注意されたときに、このフレーズを使うと、大人らしい対応になる。「ご指摘に、ハッとさせられました。ご忠告、ありがとうございます」のように。

□いや、それは面白いですね

相手が体験談や裏話を披露しているときに使うあいづち。「面白いですね！」と感嘆したようにいえば、相手は「面白い」といわれたことに、大きな満足を覚えるはず。場合によっては、有益な情報の誘い水になる。

◉苦労自慢をする相手をどう取り扱う？

□ほう、それは大変でしたね

苦労話を聞くときに、労をねぎらうあいづち。気の毒そうな顔で、このセリフを繰り出せば、相手は共感されていると感じ、話し続けやすくなる。なお、「苦労自慢」という言葉があるように、苦労話＝自慢話であることも案外多いので、「すごいですねえ」、「なるほどぉ」などのあいづちが有効な場合もある。

□あらあら

苦労話を聞くときに女性が使うあいづち。「あらあら、それは大変でしたね」、「あらあら、それは苦労なさいましたね」などと、同情を表すことができる。「あらあら」だけでも、「大変でしたね」という気持ちを表せる。

2 もう一度会いたいと思わせる会話のコツがあった

◉正しい「同意」「同感」のしかたを知っていますか？

□なるほど、一理ありますね

相手の意見や提案への理解を示すフレーズだが、はっきり賛成しているわけではないので、言質をとられることのないあいづち。相手の意見に対して、はっきり反対すると、不快感を抱かれかねない。そこで、否定的に思うときでも、「なるほど、一理ありますね」と、まずは〝肯定風〟に応じておくと、相手の気持ちを害することはない。

□それは、なによりです

相手のいい報告、得意気な話に対するあいづち。相手のうれしく思う気持ちに、寄り添うことができる。たとえば、相手が「ようやく、息子の就職が決まりましたね」などと、身内に関するいい話を振ってきたときには、このフレーズで応じて、くすぐればいい。

□それは、それは

驚きと共感を同時に表すあいづち。たとえば、年配者が「再婚することになりましてね」と話しはじめたときは、目を見開いて驚いてみせながら、「それは、それは、おめでとうございます」と祝意を表せばいい。

□うらやましいですねえ

自慢話を盛り上げるために、汎用的に使えるあいづち。モテた話や株や仮想通貨でもうけた話などをする人は、「うらやましがってほしい」と思っているもの。

そんな相手の欲求を満足させることができるフレーズ。

□まさに理想的な関係ですね

本社と出先、ラインとスタッフ、姑と嫁など、ぎくしゃくしがちな関係ながら、「うちはうまく行っている」と自慢げに話す相手をくすぐるフレーズ。

◉正しい「同情」のしかたを知っていますか？

□ご胸中、お察しします

目上の愚痴やぼやきに対するあいづち。目上に対して「わかりますよ」と応じると、「お前に何がわかる！」と反発されかねない。そこで、このフレーズを使い、殊勝な顔つきで「ご胸中、お察しします」といっておけば、控えめな印象を与え、相手の気分を害することはない。

□わかりますよ、その気持ちは

愚痴に共感するあいづち。聞き手から「わかりますよ」といわれると、話し手は多少は気分が晴れるもの。愚痴を口にする相手は、不満のはけ口を求めていることが多いのだから、変にアドバイスしたりせず、こう応じておけばよい。

□それはさぞお困りでしたでしょう

悩みを打ち明けられたときは、まず同情を示すのが大人のマナー。このセリフで同情を示すことで、「自分はあなたの味方」と伝えることができる。

□がっかりですね

仕事が不調に終わるなど、残念なことがあった相手に対するあいづち。残念に思っている相手の気持ちに同調し、共感を示すことができる。「それは、残念でしたね」や「それは、悔しいですね」なども同様に使えるあいづち。

□そう考えるのも当然だと思います

不満や愚痴を口にする相手には、同調しておくのが無難。相手が「私のいってることと、おかしいかしら?」などと聞いてきたときには、「そう考えるのも当然だと思います」と肯定しておくといい。変にアドバイスしたりしようとすると、かえって相手を傷つける原因になりやすい。

◉〝質問型〟のあいづちが、一つ上の会話力

□と、おっしゃいますと

相手から、より具体的な話、情報を引き出したいときには、質問型のあいづちを使うといい。「と、おっしゃいますと」は、相手が抽象的な言い方をしたり、言葉を濁したときに使うフレーズ。たとえば、相手が「向こうにも、いろいろあるようですよ」などと漠然といったとき、「と、おっしゃいますと」と水を向けると、具体的な情報を聞き出せるかもしれない。

□それからどうしたのですか?
話の先を引き出すあいづち。このフレーズのあと、「興味あるなあ」、「ぜひ伺いたいです」などと続けると、興味津々であることを伝えられる。聞き手が退屈していないか不安に思っている話し手もこう水を向ければ、気分よく話せる。

□へえ、それって、どういうものなのですか?
相手の話に、十分な興味を抱いていることを示すあいづち。このような「より詳しく聞きたい」という質問を繰り出すことで話し手の意欲をさらにくすぐれる。

◉相手の〝見識〟を一瞬でくすぐる方法

□するどい!
雑談中、相手が鋭い意見を吐いたときは、絶好のくすぐりチャンス。このセリフでくすぐるといい。ただし、このような「形容詞＋感嘆符」型の言葉は、ほめ言葉ではあっても、丁寧語ではないので、使えるのは、部下、同僚、少し上の先輩あたりまで。目上や上司、取引先に使うのは失礼。

□まことに深いご洞察です

「するどい！」を敬語化すると、こうなる。相手の観察力、内情を読みとる力などが、すぐれていると思ったときに使うといい。

□目からうろこが落ちる思いです

するどい見解に対しては、見出し語のような、やや過剰な表現を使ったほうが、話し手の気持ちをくすぐることができる。「目からうろこが落ちる」は、相手の言葉などによって、考え方が一変したり、視界が一気に開けたりしたときに使うと、しっくりくる慣用句。「まるで目が覚めるようです」も同様に使うことができるフレーズ。

□まったく考えが及びませんでした

相手の名案に対しては、こう驚いてみせるといい。たとえば、相手が「この点を改善すればいいのでは」と、改善点を指摘してきたとき、細かい反論があったとしてもまずはやや驚いた表情を作りながら、このフレーズを繰り出せば、相手の自尊心を満足させられる。

◉相手の〝雑談力〟を一瞬でくすぐる方法

□○○さんの話は、本当にわかりやすいですね

相手の説明がわかりやすいと思ったときは、このフレーズでくすぐるといい。話がわかりやすいということは、相手は、こちらの理解力や興味に合わせ、話の構成や言葉の選び方を工夫しているはず。その努力を理解していることを示し、相手の工夫に報いることができる。

□いつも話題が豊富ですね

話し上手をくすぐる定番フレーズ。話し上手な人は、日頃から面白い話材を意識して集めている人が多く、〝ネタ帳〟を作っている人もいるくらい。そんな話し上手をくすぐるには、「話題が豊富」は格好のセリフになる。

□○○さんとの会話は、いつも弾みますね

相手と話して楽しいと感じたときには、その気持ちをストレートに伝えて、くすぐるといい。「会話が弾む」というのは「一緒にいて楽しい」と、ほぼ同じ意味であり、相手への好意と「また、お話がしたい」というメッセージを同時に伝えられる。

□○○さんといると、楽しくなるっていわれません？

雑談が弾んでいるときには、このフレーズでくすぐるといい。このセリフ一言で、

「今、楽しく過ごしている」、「あなたと話せてよかった」、「あなたの話術はすばらしい」というメッセージを伝えることができる。

□話が合う人って、あまり出会えないものなんですよ

まださほど親しくはない相手との雑談が、予想外に盛り上がったときに使うと、しっくりくるフレーズ。話が合う＝気が合うことを強調することで、親しみを表せる。

□聞いてくださってうれしいです

自分が話し手のとき、会話の途中で、相手にかける言葉。間があいたときや話題を変えるときに、閑話休題的に使うと効果的。「つまらない話を聞いてくださってうれしいです」、「うまく話を引き出していただき、うれしく思います」などと変化をつけても使える。

◉聞き役のときこそ、相手を喜ばせるチャンス

□いいお話ですね。どこかで使わせてもらってもいいですか？

相手の話の中に、面白いエピソードや雑学、役に立つ情報が含まれていたときは、このフレーズを繰り出すといい。単に「面白いですね」と応じるよりも、「あなたの話は面白い！」と思う気持ちを鮮明に、かつユーモラスに伝えることができる。

□いいんですよ。私、○○さんの話を聞くのが好きですから

相手が「自分ばかりしゃべって、すみません」とエクスキューズしてきたときに応じるセリフ。相手が「今日は、愚痴ばかりですみません」などといってきたときにも、このフレーズを返すといい。

◉デリケートな〝人事関係〟の話題に触れるコツ

□これから、ますます忙しくなりますね

人事異動、とりわけ自分が栄転、昇進したことについて話す相手をくすぐるフレーズ。この「忙しい」は「有能」、「必要とされている」というニュアンスを含むので、相手の栄転をほめることになる。

□認められて当然だと思います

「こんど、○○に転勤になりまして」などと話す相手には「それはご栄転ですねえ。○○さんの実力は認められて当然だと思います」のように持ち上げるといい。

□成功しなければおかしい、と思っていましたよ

事業が成功したことなどについて話す相手をくすぐるフレーズ。「○○さんの力をもってすれば、成功しなければおかしいと、思っていましたよ」のように、くすぐればいい。

◉季節に合わせたひと言で盛り上げよう

□お正月は帰省されるのですか?

雑談を季節の話題から始めるのは、大人社会の基本ルール。季節ネタを振るときのコツは、質問する形で、相手を主役に据えること。たとえば、年末、正月ネタを振るときには、「今年は帰省しようと思っているんです」と自分を主語にするのではなく、「お正月は帰省されるのですか?」と質問して、相手を主役に据えるといい。

□お正月はどのように過ごされたのですか?

新年初めて会った相手に対しては、正月を〝過去形〟で扱うといい。この質問に対し、相手が「帰省していました」と答えれば、郷里ネタに話を広げることができる。なお、この質問が使えるのは、1月半ばあたりまで。1月後半になっても正月ネタを振り続けると、「まだ正月気分なの」と思われかねない。

□プロ野球のキャンプが始まりましたね。今年の○○はいかがですか？

2月は話題の少ない月だが、2月初めにはプロ野球がキャンプインするので、相手が野球好きとわかっている場合には、野球ネタを振るといい。むろん、後段の質問の○○には、相手がひいきにしているチーム名がはいる。なお、プロ野球は3月末頃、開幕するので、その時期には「いよいよ開幕しましたね」と、話題を振ることができる。

□卒業シーズンですね。娘さん、そろそろ卒業ではありませんか？

3月後半、街中で袴姿の若い女性を見かけたときになどに振ると、しっくりくる話題。後段の質問に、相手が「そうなんですよ」と応じれば、進路などに関して話を広げられる。むろん、大学卒業だけでなく、小・中・高校を卒業する年頃の子どもがいる相手にも使えるセリフ。

□桜の季節ですね。もうお花見には行かれましたか?

桜は、春の雑談の鉄板ネタ。開花前には「お花見、どこかへ行かれるのですか?」、五分咲きあたりからは「もう、お花見には行かれましたか?」と尋ねるといい。

相手が「ええ」と答えれば、その計画や様子を聞けばいいし、「通勤電車の中から見るくらいです」などと答えたときも、「どちらの沿線ですか」のように話を展開できる。

□今年の新入社員はいかがですか?

4月は、新入社員が入ってくる時期。中堅以上の会社員同士では、話題にしやすいネタといえる。「新入社員が目立つ季節ですね。御社の新入社員はいかがですか?」などと質問して、相手を話の主役に据えるといい。

□ゴールデンウイークはどちらかへ出かけられるんですか？

ゴールデンウイークは、4月後半からの〝黄金ネタ〟。連休明けも、「ゴールデンウイークは、どちらへ出かけられたのですか？」と過去形で使うことができる。

□今年の夏休みはご予定ですか？

7〜8月は、夏休みを話題にすると、和やかに雑談をはじめられる。夏休み前には予定を話題にし、8月半ば過ぎには「夏休みはもうおとりになられましたか？」と過去形で話題にするといい。お盆には帰省する人が多いので、正月同様、郷里ネタに話題を展開させやすい。

□高校野球がはじまりましたね。母校はお強いんですか？

相手が野球好きとわかっているときは、8月は高校野球ネタを振るといい。「高校野球がはじまりましたね」に続けて、「今年はどこが強いのですか？」、「応援されている高校はありますか?」などと質問すれば、相手を雑談の主役に据えられる。

□新米の季節ですね。今年の出来はいかがですか?

秋は実りの季節。相手がグルメの場合には、食べ物に関する話題を振ればいい。ソバ好きには「新ソバの季節ですね」、日本酒党には「新酒の季節ですね」のように。

□お孫さん、そろそろ七五三じゃありませんでしたっけ?

11月は七五三の季節。孫がいる年配者には、こう振ればいい。むろん、七五三の時期の子どもがいる人に対しても使える質問。

Column 1

LINEでくすぐる

LINEの楽しさ、便利さは、短い言葉で気軽にコミュニケーションがとれること。音声入力なら、ほとんど会話のノリで、メッセージを送り、レスポンスできる。

以下は、LINEで、相手をくすぐるセリフ。会話と似ているが、LINEでは、表情や声の調子をまじえて、くすぐることはできない。その分、LINEでは、やや大げさ、ややユーモラスな言葉を選ぶのが、人をくすぐるコツ。

・さすが！——相手からのいい〝報告〟には欠かせない言葉。

・最高っ！——相手からの提案にこう応じれば、〝いいね〟よりもくすぐり効果大。

・おしゃれ！——粋、リッチ、セレブな話には、こう返すとよい。

・するどい！——相手のいい意見、見解、提案に対して、くすぐる言葉。

・やったね！——「彼氏ができる」など、相手が〝成果〟を上げたときに返す言葉。

・グッジョブ！——これも、相手の〝成果〟を持ち上げる言葉。

・エクセレント！——「グッジョブ！」をさらに強調した言い方。

・グレイト！——相手からのいい報告、提案など、汎用的に使える言葉。

3章　いろいろなタイプをくすぐる

1 半径1メートル以内の人といい関係をつくる

◉今日から差がつく〝くすぐり〟の極意　[部下→上司編]

□人間としても尊敬しています

上司は、仕事の力量では、部下よりもすぐれていて当然。だから、そこをくすぐっても、さして喜んではもらえない。そこで、くすぐりポイントになるのが「人間性」。面と向かっていうのがてれくさいときは、〝陰ぼめ〟するといい。第三者に対していったこの言葉が、回り回って上司の耳に届けば、上司は大いに喜んでくれるはず。

□私はご指示に従ったままです。すべて○○部長のおかげです

結果を出してほめられたとき、こう応じれば、謙虚に聞こえる。上司からほめられたとき、その上司に対して直接使ってもいいし、第三者からほめられたときに、こう返すと、○○部長を陰ぼめしたことにもなり、後々の効果を期待できる。

□ご指導のおかげで、すこしわかってきたようです

上司から「最近、よくなってきたね」などとほめられたときに使えるフレーズ。たとえば、営業成績が伸びていることをほめられたときには、「課長のご指導のおかげで、すこしだけコツがつかめてきたようです」などと応じればいい。

◉今日から差がつく〝くすぐり〟の極意　［上司→部下編］

□安心して仕事をまかせられるよ

入社5年目あたりまでの若手社員に、能力を評価していることを伝え、持ち上げるフレーズ。５年を過ぎて三十路も近くなると、仕事をまかせられるのも当然のことなので、この程度のフレーズではくすぐれなくなる。

□○○さんがいないと困ります

会社を辞めそうな気配を感じた部下には、こう声をかけるといい。誰でも「自分は必要とされている」と思えば、やる気が出てくるもの。

□長くこの職場で働いてほしいな

これも、会社を辞めそうな人、モチベーションが下がっている人にかける言葉。「長くいてほしい」という言い方で、相手の仕事をぶりを認めていることを伝えれば、やる気を引き出せるかもしれない。

□彼抜きでは、うちは動きがとれません

部下を陰ぼめするためのフレーズ。部下に直接いうのではなく、第三者に対して、

こう陰ぼめしておくと、その言葉が耳に届いたとき、部下は直接ほめられた以上にうれしく思うはず。

□あいかわらず、よく気がつきますね

相手の気働きに対するほめ言葉。「あいかわらず」は、人をくすぐるのに便利な言葉で、「あいかわらず元気がいいですね」、「あいかわらずおキレイですね」など、さまざまな相手に、いろいろな場面で使うことができる。

□あれほどの根性があるとは思わなかったよ

部下を「見直した」場合には、その気持ちを率直に伝えて、くすぐるとよい。ただし、「見直したよ」とストレートにいうと、今まで低く見ていたように聞こえかねないので、言葉を選びたい。「あれほど、頑張るとは思わなかったよ」、「あれほど手際がいいとは」など、「見直す」という言葉を使わずに、見直したことを伝えよう。

□いつも一生懸命ですね

まだ、成果は伴っていなくても、真面目に仕事をしている部下をくすぐるフレーズ。日頃の努力や行動をほめておけば、部下は「仕事ぶりを見てくれている」と感じ、さらにやる気になるもの。

□行動力がありますね

今は、メールや携帯電話で仕事をすませる人が多い時代であり、身軽に動いて、人と会うことを苦にしない人は、いよいよ貴重な人材になってきている。よく動く部下に対しては、その点をくすぐるといい。「フットワークが軽いね」も同様に使えるセリフ。

□最初にしては、頑張ったと思うよ

失敗した部下を慰めるフレーズ。初めての仕事がうまくできないのは、当たり前のこと。そんなとき、叱責するだけでは、相手を腐らせてしまう。「最初にしては頑張ったと思うよ」と、相手の労をねぎらってから、改善点を建設的に指摘したい。

◉自分より若い人は、どのポイントで喜ぶか

□さすが、○○さんが見込んだだけのことはありますね

このフレーズを使うと、今、目の前にいる相手と、彼を見込んだ○○さんの二人をともに持ち上げることができる。また、○○さんが見込んだとほめていたことを伝えられるとともに、○○さんに対する陰ぼめにもなるセリフ。

□まだ、お若いのに

まだ若いのに、業績をあげている人、立派な意見を持つ人たちを持ち上げるセリフ。「まだお若いのに、ご立派な意見をお持ちで」、「またお若いのに、ご奇特な

ことで」、「お若いのに、こんな大きな賞を受けられるなんて」などと使える。

□すっかり大人っぽくなられて

この前、会ったときは、まだ子供や学生だった若者に対して使う言葉。20代後半になると大人っぽいのも当たり前なので、20代前半までの相手に使うのがふさわしい。本人だけでなく、本人の親を喜ばせるために使うこともでき、こういえば、親は「いえいえ、まだまだ親がかりで」、「学生気分が抜けなくて」などと応じながらも、まんざらではない表情を浮かべるはず。

□これからは、若い人たちの時代です

若い人の活躍や働きぶりなどを認め、励ます定番フレーズ。たとえば、若い人が転職、起業などの報告にきたときには、「これからは、若い人たちの時代です。がんばってください」と励ますのがお約束。また、役職への就任を頼まれたときには、「これからは、若い人たちの時代です。私のようなロートルが出る幕じゃ

ありません」と、年齢を理由に断ることもできる。

□落ちついていらっしゃる

無口な人、存在感の薄いタイプに対するほめ言葉。あまり目立たない青年でも、見方を変えれば、落ちついた若者ということができる。「若さに似合わず、落ちついていらっしゃる」といえば、影の薄い年下の人をくすぐることができる。

□わが社にも、あなたのような人がいてくれれば助かるのですが

取引先など、他社の若手社員をくすぐるフレーズ。相手が特別の気遣いをみせてくれたり、相手の技量を感じたりしたときに、繰り出したいセリフ。たとえば、商談が成立したときに、「今日のプレゼンは説得力がありました。わが社にも君のような若手がいてくれれば助かるのですが」などと、持ち上げればいい。

2 これなら、どんな相手も気持ちよくできる

◉侮ってはいけない〝陰ぼめ〟の効果

□よい部下をお持ちでいらっしゃる

他社の人に対して、相手の部下をほめる言葉。上司を通じて、この言葉が部下に伝われば、陰ぼめの効果が期待できる。また、このフレーズにあとに「上司の指導がいいからですね」と続ければ、目の前の相手をくすぐることもできる。

□将来有望だと思いますよ

若手をくすぐる言葉。今はまだ経験が乏しいうえ、能力も低く、評価できない相

手でも、「将来」についてなら、ほめることができる。本人に直接いってもいいし、陰ぼめ用に第三者に対して使うこともできる。

□お楽しみでしょう

優秀な子供をもつ親や祖父母に対して使う定番フレーズ。「○○大に合格されたと伺いました。将来がお楽しみでしょう」など。優秀な社員をもつ上司や経営者に対して使うこともでき、「優秀な方ですね。これからがお楽しみでしょう」など。

□お幸せですね、立派な息子さんをお持ちで

これも、優秀な子供をもつ親に対して使うフレーズ。このセリフで、相手の話を引き出し、子供のことを自慢したいという相手の欲求を満たすこともできる。

◉「プロの腕」をくすぐってみよう

□やはり、本職は違いますね

本職、プロ、玄人ならではの仕事ぶりや腕前に感心したときに使うフレーズ。本職とはいえ、ほめられて悪い気がする人はいない。「さすがプロの仕事、ひと味違いますね」など、変化をつけて使える。

□仕事とはいえ、見事なものですね

プロの技量や仕事の出来ばえが、素人以上なのは当たり前ではあっても、そこは人の子、ほめられれば、うれしいもの。素人がほめるのは、いかがなものかなどと思わず、「見事！」と思ったときは、素直に「仕事とはいえ、見事なものですね」と口にするといい。

□プロの凄さを見せていただきました！

語尾に「！」をつけるような調子で感嘆すれば、「さすが、プロですねえ」というよりも、さらにプロのプライドをくすぐれるはず。

□さすが、年季が違いますね

長年、鍛え上げてきた腕前をほめる言葉。40代以上の職人に対して使うのがふさわしい。「さすが、親方の仕事は年季が違いますね」など。

□○○さんにお願いして、正解でした

プロに頼んだ仕事ができあがったときに使うフレーズ。「ほかの人ではこうはいかなかった。あなたに頼んでよかった」という意味を込め、持ち上げることができる。とりわけ、出来がすばらしいときに繰り出すと、真実味がこもり、プロならではの仕事ぶりをくすぐることができる。

◉「ズバ抜けた能力」をくすぐってみよう

□たいしたものですよ

相手の能力や業績をくすぐる基本フレーズ。「あの海千山千の社長を口説き落とすなんて、たいしたものですよ」、「あの大会で優勝するなんて、たいしたものですよ」など。ただし、敬語ではないので、目上には使えない。

□話には聞いていましたが、聞きしにまさる○○ですね

前段の「話には聞いていましたが」で、噂になるほど、相手の技量がすごいと持ち上げ、後段で今そのすごさを目のあたりにしていると持ち上げるフレーズ。「話には聞いていましたが、聞きしにまさる交渉力ですね」、「話には伺っていましたが、聞きしにまさる歌唱力ですね」というように。

□○○さんほどの方を見たことがない

その人が一番であることを示す強調表現。「○○さんほどの切れ者を見たことがない」、「○○さんほど、丁寧に仕事をする人を見たことがない」という具合。

□いや、参りました！

力量を発揮した相手を持ち上げるフレーズ。趣味の勝負事で負けたときなどで使うとぴったりで、かつては接待マージャンや接待ゴルフの場でよく使われた。「いや、恐れ入りました！」も、同様に使える言葉。

□○○さんの腕前には、本当に舌を巻きますよ

「舌を巻く」という慣用句で、相手の技量をくすぐる表現。ほか、「兜を脱ぐ思いです」、「脱帽のほか、ありません」なども、相手を持ち上げるのに適したフレーズ。

□打てば響くとは、このことですね

理解の速さをくすぐるフレーズ。相手のレスポンスが速いときにも使える。なお、「打てば響く」のようなポジティブな意味の慣用句・ことわざは、その後ろに「とは、このことですね」と続ければ、おおむねほめ言葉になる。

□さすが、お目が高い

「お目が高い」は、眼力の鋭さをほめる慣用句。相手が商品を選ぶときなどに、このフレーズを繰り出せば、選択眼の確かさをくすぐることができる。「すばらしい目をお持ちで」も、同様に使えるフレーズ。

◉恩人に感謝を伝えながら喜んでもらうには？

□百万の味方を得た思いです

自分の意見に賛成してくれた人や協力を申し出てくれた人をくすぐるフレーズ。

「○○さんにご賛同いただけるとは、百万の味方を得た思いです」、「○○さんにご協力いただけるとは、百万の味方を得た思いです」というように使う。

□大変助かりました。地獄で仏とは、このことです

手助けしてくれた人に、大げさに感謝するフレーズ。「地獄で仏」は、危難のときに思わぬ助けを得るという意味のことわざだが、現実にはそれほどの危難にあうことは少ない。そこで、この言葉は、アウェーな環境で、何らかの助け船を出してくれた人に対して、やや冗談めかして使うことが多い。

□足を向けて眠れなくなりました

受けた恩を忘れていないことを表すフレーズ。以前、世話になった人に対して、「○○さんには、今も足を向けて眠れません」といえば、今も感謝している気持ちを伝えられる。大げさ、かつ古風な表現ではあるが、こういわれて悪い気がする人は少ないはず。

□○○さんと出会えて、私は本当に運がいいと思います

相手と知り合ったことをありがたく思う気持ちを表すフレーズ。意中の女性には「あなたと出会えて、本当によかったと思います」といえばいいが、同性や目上に使うと、いささか微妙な意味の言い回しになるので、「運」に託して語るといい。

□すべて○○さんのおかげです

「あなた」こそ恩人であることを強調し、くすぐる表現。「私の今日《こんにち》あるは、ひとえに○○さんのおかげです」、「小社がここまでになったのは、○○さんのお力以外の何者でもありません」などと、相手の助けに感謝し、くすぐるセリフ。

□～とは一世一代《いっせいちだい》の光栄です

「一世一代」という大げさな言葉で、目上をややユーモラスに持ち上げるフレー

ズ。たとえば、目上から招かれたとき、「お招きに預かるとは、一世一代の光栄です」、代理を頼まれたときには「○○さんの名代《みょうだい》とは、一世一代の光栄です」というように、あえて古めかしくいうことで、ユーモアを含ませることができる。

なお、「一世一代」は「いっせいいちだい」が正しいが、多くの人が「いっせいいちだい」といっているのが現状。

◉男心をくすぐるにはコツがいる

□一緒に○○してくれますか

女性が男性の気をひくために使うと効果的なセリフ。女性から頼りにされて、不快に思う男性は少なく、女性を保護したいという男性の気持ちをくすぐることができる。「一緒に行ってくれますか」、「もう少し一緒にいてくれますか」、「一緒に○○してくれると、安心なんですが」などといわれると、たいていの男性は鼻の下を伸ばすもの。

□ちょっとでもいいから会いたいな

交際中の男性の気持ちをくすぐるフレーズ。「最近、全然、会ってくれないじゃん」と抗議するよりは、よほど男心を心得ているフレーズ。

□こんなに○○したのは、はじめて

相手をナンバーワン、オンリーワンと持ち上げることができるセリフ。「こんなに笑ったのは、はじめて」、「こんなに楽しかったのは、はじめて」、「こんな経験は、はじめて」、「こんなに酔っぱらったのは、はじめて」など、多様なシチュエーションで使うことができる。

4章　いろいろな場面でくすぐる

1 どんな状況でもくすぐれる〈基本編〉

◉お礼を言いながら、相手を気分よくさせるには？

□いつもお心にかけていただき恐縮です

「敬語」は文字どおり、敬意を表す言葉なので、それだけで相手をくすぐる効果がある。これは、手助けしてくれた人に感謝する敬語。気づかってくれる相手には、謙虚に応対し承認欲求を満足させるのが、大人のギブアンドテイク。

□心から感謝いたします

感謝の気持ちを伝えるとき、「心から」や「心より」を付け加えると、より深い感謝の念をあらわせる。「心から、ありがたく存じております」、「心より、御礼申し上げます」というように。

□お心遣い、本当にうれしく存じました

感謝するとき、「何」に対して感謝しているかを具体的に表すと、感謝の念をよりはっきりと伝えられる。このフレーズの場合、感謝の対象を「(相手の)お心遣い」と明示しているので、より具体的に相手の気持ちをくすぐれる。

□このたびは、ひとかたならぬ、お世話になりました

「ひとかたならぬ」は、並々ならないという意味の言葉。世話になったときに使うと、たいへんお世話になったという気持ちを表せる。とりわけ、相手が目上のときは、こうしたやや古風な言葉を使ったほうが、深い感謝の念を伝えることができる。

□お気づかい、痛み入ります

「痛み入ります」は、「恐縮です」の古風な言い方。ありがたすぎて心苦しく思う気持ちを表せる。目上に対しては「おそれおおい」を使い、「直々《じきじき》のお気づかい、おそれおおいことです」という最上級の表現もできる。

□お眼鏡に適《かな》って光栄です

目上に認められたり、ほめられたときに、くすぐり返すフレーズ。「お眼鏡」は、物事のよしあしを見抜く鑑識眼のこと。このフレーズは、相手がそうした確かな目をもつことを前提にしているので、謝辞でもあり、相手へのほめ言葉にもなる。

□このご恩は一生忘れません

「一生忘れない」という大げさ表現によって、相手の助けをたいへんありがたく思っていることを伝える言葉。おおむね、感謝のフレーズは、やや大げさにいったほうが、「人助けをした」という相手の気持ちを十分にくすぐることができる。

□いつも助かっています

人への指示をメモにして残すときは、指示内容に加えて、こんな1行を書き足すといい。日頃から感謝しているという気持ちを表すことで、相手のモチベーションを高めることができる。メールの最後に「P・S　○○さんの仕事ぶりにはいつも助けられています」などと書き添えてもいい。

□気にしてくれているんですね。ありがとう

人のおせっかいを断るときには、こう前置きするといい。このフレーズで、まず気にかけてくれていることに感謝し、そのあとに「もうすこし、自分でがんばってみます」と続ければ、相手は気分よく引き下がってくれるはず。

□お引き立てにあずかりまして

顧客に対して感謝の気持ちを表すフレーズ。単なる「お世話になりまして」より

も、よほど丁重に聞こえる。こちらを「引き立てる」には、相手にその力が備わっていることが必要なので、相手への謝意であるとともに、くすぐり言葉にもなる。

□ごひいきにあずかりまして

前項と同様、顧客に対して、感謝の気持ちを表すフレーズ。「毎度ごひいきにあずかりまして、ありがとうございます」などと、飲食店の経営者らが、顧客に対してあいさつする場面で使うことが多い。

◉そういう〝感服〟のしかたがあったのか

□感動いたしました

「感心しました」というと、教師が生徒をほめるような〝上から〟のニュアンスが含まれてしまう。「感動」を使うと、そうしたニュアンスは消え、謙譲語の

「いたす」をつけて敬語化すると、目上にも使える言葉になる。

□心から感服いたしました

「感服」は、深く感じて敬服すること。「感動」以上に深く感じ入ったというニュアンスを含むので、目上の話に感動したり、技量のすばらしさに驚いたりしたときは、こちらを使うといい。「敬服」も同様に使え、「心より敬服いたします」など。

□恐れ入ったというほかはありません

「～いうほかはありません」は、強調する言い回し。「すばらしいというほかはありません」、「お見事というほかはありません」などと使う。「言語道断というほかはありません」のように、悪口、否定的なセリフの強調にも使えるが。

◉〝マネしたい宣言〟は、リスペクトの表明

□マネしてもいいですか

「相手をマネたい」というと、相手のすばらしさを認め、リスペクトしていることの表明になる。仕事でも遊びでも、相手の〝ワザ〟を目のあたりにしたときには、「すごいですねえ。マネしていいですか」、「すばらしいワザをみせていただきました。マネしてもいいですか」とくすぐればいい。

□見習いたいと思っています

「見習う」という言葉でも、相手の長所や腕を認めていることを表せる。「○○さんの前向きなところ、見習いたいと思っています」、「○○さんの接客ぶり、見習わなければならない、と思っています」など。

□教えてください

仕事ができる男性には、いわゆる〝教え魔〟タイプが多いもの。その分、「教えてください」や「ご教授ください」というと、地位の高い男性を効果的にくすぐることができる。なお、若い人は、このセリフをいわれなれていないので、その分効果的な場合もある。たとえば、相手がＩＴ関係に詳しそうなときなどには、「一度、教えてください」と、くすぐっておいてもよい。

◉教えられながら、くすぐってみよう

□大事なことを教えられた気がします

相手の言動に深く感じ入ったことを表すフレーズ。たとえば、仕事をしばらくともにした先輩に対し、「○○さんの仕事ぶりを目のあたりにして、大切なことを教えられたように思います」などと使うとよい。

□ご意見をお伺いしたいと思い、参りました

人は、自分を頼ってくる者を憎くは思わない。頼られると、自分の力量を認められていることを確認でき、承認欲求が満たされるからだ。だから、相手に相談をもちかけたり、意見を聞くだけで相手の自尊心をくすぐることができる。

◉祝いながら、くすぐってみよう

□ますますのご活躍をお祈りいたします

相手が出世したり、会社を興したりしたときに、祝意を表しながら、くすぐる言葉。「ご活躍」の部分を他の言葉にかえて、「ますますのご飛躍をお祈り申し上げます」、「いっそうのご発展をお祈りします」なども、同様に使えるフレーズ。

□あやからせていただきたい

「自分も、あなたのように幸せになりたい」と伝えることで、相手の慶事を祝福

するフレーズ。結婚式でよく使う言葉で、「お幸せそうですね。あやからせていただきたいと思います」などと用いる。

◉誘い誘われながら、くすぐってみよう

□いらっしゃっていただけたら、とてもうれしいのですが

会合やパーティに誘うときには、相手を立て、自尊心をくすぐることが必要。このフレーズは「とてもうれしい」という言葉で、相手の〝お出まし〟を願う気持ちを表している。単に「お越しください」というよりも、相手の気持ちをくすぐることができる。

□喜んで、ご一緒させていただきます

取引先や目上からの誘いに応じるフレーズ。誘う側は「誘って迷惑ではないか」と、多少は不安に思っているもの。その不安を「喜んで」という一言で払拭する

のが、この受け答え。実際には、さしてうれしくない場合でも、行く以上は「喜んで」というポーズをとるのが、大人の作法といえる。

□いまから楽しみでございます

誘われた会合まで、日にちがあるときに使うフレーズ。とくに、会合まで一か月以上ある場合に使うと、しっくりくる。また、これも「楽しみ」という言葉で、前項と同様、誘った側の「迷惑だったのではないか」という小さな不安を払拭できるフレーズ。

□お供させてください

上司や目上から「今度の会合、一緒に来ないか」と誘われたときに使う定番フレーズ。目上に対して、「はい、行きます」では敬語になっていないし、「はい、参ります」は謙譲語ではあっても、敬意を十分に表せていない表現。「ありがとうございます。ぜひお供させてください」という定番句を使ってこそ、相手をくすぐれる。

□お相伴に預かります

目上から、酒（食事）の席に誘われたときに応じるフレーズ。そんなとき、「参ります」では、敬意を十分に表せていない。目上に従って行動するという意味の「相伴」を使い、「お相伴に預かります」、「お相伴させていただきます」と応じるのが、大人の言葉づかい。

□末席を汚させていただきます

人からの誘いに応じるやや古風なフレーズ。「末席を汚す」は、会合に出席したり、集団に加わったりすることの謙譲表現。「私のような者まで、お誘いいただき、ありがとうございます。末席を汚させていただきます」というのが、よくある大人語のワンセット。

◉叱るまえこそ、まずくすぐってみよう

□いつもはきちんとしているのに、今回はどうしましたか？

人に反省を求めるとき、キツい言葉を使って、相手を感情的にさせたり、反発を買っては意味がない。とりわけ、近頃は厳しい言葉で叱ると、パワハラだと騒がれることにもなりかねない。そこで今や、事の是非は別にして、小言をいうときにも、くすぐりが必要になったといえる。見出し語は「いつもはきちんとしている」と相手を認めたうえで、質問の形で相手の落ち度を指摘するフレーズ。

□期待しているからこそ、今回は残念です

「期待しているからこそ」と前置きしたうえで、相手のミスや手抜きを指摘するフレーズ。平成も半ばあたりまでは、「何なんだ、今回のミスは？」と叱責することができたが、令和の時代には、このような前置きが必要になっている。

□あなたらしくもない

「ふだんとは違う」ということで、相手本来の力量を認めたうえで、ミスや手抜きを指摘するフレーズ。「あなたらしくもない、〇〇さんなら、もっとできると思います」、「〇〇さんらしくもない。元気を出してください」のように使える。

□そろそろ、調子を出してくださいね

前項と同様、相手の力量を認めたうえで、今のような調子では不十分とダメ出しするフレーズ。前項と組み合わせて、「あなたらしくもない。そろそろ、調子を出してくださいね」というように使うこともできる。

□若い人たちのお手本なのだから、頼みますよ

若手のなかでは先輩格の人に対して使うセリフ。「手本になる」と、相手の仕事ぶりや力量を認めたうえで、ミスや手抜きに言及するフレーズ。年配の社員や年

上の部下には、「○○さんは、みんなの手本なんだから〜」といえばいい。

◉会話の中に相手の名前をはさむことの効用

□○○さん、こんにちは

最もシンプルかつ、使い勝手のいい〝くすぐり言葉〟は、相手の名前。名前を呼ぶだけでも、相当のくすぐり効果がある。あいさつにしても、単に「こんにちは」というよりも、「○○さん、こんにちは」と相手の名前を付け加えるだけで、格段に親しみ深いあいさつになる。

□○○さんしか適任者がいないので

相手の力量を持ち上げて、頼み込むフレーズ。頼み込むときにも、相手の名前を効果的に使え、たとえば締め切りがタイトなときには「○○さんの仕事の速さを見込んで」、細かな仕事のときには「○○さんの仕事の丁寧さを見込んで」のように依頼すればいい。

□○○さんがいないと始まりませんから

相手を誘いながら、くすぐるフレーズ。会合や宴会に誘ったとき、相手が「私のような者がご一緒しても、よろしいのでしょうか」などと謙遜してきたときには、「何をおしゃいますか。○○さんがいないと始まりませんよ」と持ち上げればいい。

□○○さんなら、おわかりいただけると思いますが

相手の理解力を持ち上げて、説得したり、断ったりするフレーズ。たとえば、相手が依頼してきたときは、「○○さんなら、おわかりいただけると思いますが」と前置きしたうえで、断らざるをえない事情を説明すれば、相手の理解を得やすくなるはず。

□○○さんがいちばんわかってくれていますね

前項と形は似ているが、使い方は違い、慰めや励ましに応じるフレーズ。相手が慰めや励ましの言葉をかけてくれたときには、「ありがとう。○○さんがいちばんわかってくれていますね」と返せば、ねぎらってくれる相手の気持ちにこたえることができる。

□○○さんに聞いてみようかな

ごく普通に「質問があるのですが」と前置きすると、相手は「はい」と応じるだけだろう。一方、見出し語のように問いかければ、相手は、自分の名前が呼ばれたことに反応し、こちらの質問に真面目に答えようという気持ちになりやすい。

□○○さんがいれてくれる、おいしいコーヒーが飲みたいな

「コーヒーいれて」と命令口調でいえば、相手は内心、「コーヒーくらい自分でいれろよな」と思うことだろう。そこで、「○○さんのいれるコーヒーだからこそ、

飲みたい」という言い方にすれば、命令されたと思わせることなく、人を動かすことができるかも。

◉「なぐさめ」「はげまし」「くすぐり」のあわせ技

□仕事はできる人に回ってくるものですよ

相手が「自分にばかり、面倒な仕事を押しつけられる」、「毎日、忙しくて大変」などとこぼすときに励ますセリフ。相手は、慰めとはわかっていても、「できる人」と認められることで、自尊心を満たされるので、多少は気分が前向きになるはず。

□一流の人ならではの悩みですね

愚痴や悩みを口にする人は、おおむね承認欲求不満に陥っていることが多い。このセリフは、相手を「一流」と認めることで、承認欲求を満足させる物言い。こうしたフレーズで欲求不満を解消すれば、〝悩み〟も解消していくはず。

□○○さんなら、できますよ

「できますよ」に相手の名前を加えるだけで、相手の心に響く言葉になる。「○○さんなら」ということで、相手の力量を認め、それを「できる」ことの理由付けにしているので、相手の自尊心を十分に満たしながら、励ますことができる。

□あそこまで粘ったのはあなただけですよ

失敗して落ち込んでいる相手には、その努力を認める言葉をかけたい。自分の奮闘ぶりを見ていてくれた人がいたと思えるだけでも、気持ちが前向きになるもの。

□できないことがわかっただけでも、収穫ですよ

何かにトライして、失敗した人を慰める言葉。失敗を収穫ととらえることで、努力が無駄ではなかったと慰められる。なお、発明王エジソンは「私は失敗したことがない。1万通りのうまくいかない方法を見つけただけだ」という言葉を残している。この名言も、失敗者への慰めに使える。

□失敗したから、また成長できますね

ミスをして落ち込んでいる人を励ます言葉。ミスや失敗を成長材料ととらえ、経験に学べば、成長できるという意味。プレゼンテーションやコンペなど、〝勝負事系〟の仕事で負けた人には、「負けた分、また上手くなれますね」といえばいい。

□難しいと思うのは、わかってきた証拠ですよ

人にものを教えるとき、頭に入れておきたい言葉。「難しい」、「自分には無理」、「わからない」とモチベーションを落としている人には、この言葉をかけるとよい。

◉〝くすぐり返し〟こそ人間関係のツボ

□○○さんにほめていただくなんて、とても励みになります

相手がこちらをほめてきたときは、くすぐり返す大きなチャンス。見出しのフレーズは、「他の人にほめられても、さしてうれしくはないが、他ならぬあなたに、ほめられたことをうれしく思う」という意味合いを含むので、相手の自尊心を大いにくすぐることができる。

□私のような者に、身に余るお言葉です

ほめられたとき、くすぐり返すには、まずは謙虚に応じることが必要。とりわけ、目上にほめられたときは、「私のような者」という言葉でへりくだると、しぜんに相手を立てることができる。そのあとで、前項の「○○さんにおほめいただくとは～」を使って、くすぐり返すとよい。

□いえいえ、○○さんほどではありません

相手にほめられたとき、相手のほうが上とくすぐり返すフレーズ。たとえば、ゴルフで「パットうまいねえ」とほめられたときは、「いえいえ、○○さんほどではありません」とほめ返せばいい。

□直々におほめに預かりまして、光栄です

目上にほめられたときは、「直々に」という言葉を使って、敬意を表しながら、くすぐり返すとよい。「おほめに預かる」は、ほめられることの上級敬語。

□ありがたいお言葉をいただき、恐縮している次第です

ほめられたとき、丁寧な敬語で応じることで、相手を立てるフレーズ。ほかに、親切な言葉をかけられたときは、「温かい言葉を頂戴し、感激しているところです」。励まされたときは、「励ましの言葉を賜り、ありがたく存じております」、

慰められたときは「慰めの言葉を頂戴し、心強く思っているところです」などが、敬語の力によって、相手を〝立て返す〟フレーズ。

◉ほめ言葉を謙虚にさばく

□まあ、お口のうまいこと

ほめ言葉をさばく、女性専用のフレーズ。たとえば、「また、若返ったようですね」とくすぐられたときには、「まあ、お口のうまいこと」と返せば、大人の女性の対応になる。ただし、多少、世馴れすぎた感があるので、40歳過ぎから似合ってくるフレーズ。

□ご冗談ばっかり

これも、女性専用に近いフレーズ。たとえば、娘と歩いているとき、「まるで姉妹のようですね」と若さをくすぐられたときには、「ご冗談ばっかり」と笑顔で返せばいい。

□ほんの手慰みです

趣味の腕前をほめられたときに返す定番フレーズ。手芸など、手を使う趣味をほめられたときに使うと、しっくりくる。

□まあ、感激です！

ほめ言葉に対する御礼の言葉。「感激です！」と弾むようにいうことで、言外に「あなたのような方にほめられて、とくにうれしい」という意味を込められる。

□とても励みになります

相手のほめ言葉によって、モチベーションが高まるという気持ちを伝えるフレーズ。「がんばる意欲が沸いてきます」、「ますます元気が出てきました」も、同様に使えるフレーズ。

□ほめていただけるとは、望外の喜びです

「望外」は、望んでいた以上によい結果が出ることで、「あなたのような立派な方にほめていただけるとは思ってもいなかったので、たいへんうれしい」という気持ちを表せる。「○○さんのおほめに預かるとは、望外の幸せです」など。

□とても、おほめいただくようなことでは

ほめ言葉に謙虚に応じることで、自慢話と受けられることを防ぐフレーズ。「とても、おほめいただくようなことでは。当たり前のことをしただけです」と続けるのが、よくある使い方。

２ どんな状況でもくすぐれる〈応用編〉

◉相手の「人徳」を持ち上げるには？

□○○さんの人徳だと思います

「人徳」は、人柄をたたえるときに効果的な言葉のひとつ。人は、年齢を重ねるほどに、能力よりも人徳をほめられたほうが、うれしく思うもの。そこで、目上・年上には、「これも、ひとえに○○さんの人徳だと思います」、「今日のトラブルが収まったのも、○○さんのご人徳のおかげですよ」などと、相手の人柄を持ち上げればいい。

□お人柄がしのばれますね

〝美談〟を耳にしたときに使うフレーズ。たとえば、取引先の社長が被災地に多額の寄付をしたと聞いたときなどには、「さすが、お人柄がしのばれますね」と持ち上げておけば、後々、陰ぼめの効果を期待できる。

□○○さんって、人が集まる人ですよね

「人が集まる」は、友人、知人が多い人へのほめ言葉。「友人が多いですね」というと、単に「顔が広い」という意味になるが、「人が集まる」といえば「人徳を慕って、他の人が集まってくる」という意味合いになり、より相手をくすぐれる。「みなさんから好かれる方ですね」も同様に使える言葉。

□○○さんって、人の痛みがわかる人ですね

思いやりのある人をほめる言葉。「人の痛みがわかる」というと、ただやさしいだけでなく、人生経験を積んだうえで、懐の深い人情味を身につけた人という二

ュアンスになる。単に「やさしい人」、「思いやりのある人」というよりも、人の苦しみや辛さに思いを馳せることができる人という意味合いになる。

□裏表がない方です

実直な人をほめる言葉。日本では、実直であることが古来、美徳とされてきたので、多くの人に喜ばれるほめ言葉になる。なお、ほかにはとりたててほめるところがない「正直なだけがとりえ」というタイプも、この言葉でほめることができる。

◉相手の「能力」をほめあげるには？

□御社は、○○さんでもっているんじゃないですか？

取引先などの実力派社員をくすぐるフレーズ。「あなたが会社を支えている」と、相手の働きぶりを評価していることを伝えられる。また、自社ビルを建てたばかりの会社の社員には、「○○さんが建てたようなものですね」などと変化をつけてもいい。

□**みんなから、そう言われませんか？**

相手の長所をくすぐるときに、「みんな」を利用する一言。たとえば「○○さんには何でも話したくなります。みんなから、そういわれませんか？」といえば、「そう思っているのは、私だけでなく、多くの人がそう思っている」という評価を伝えることができる。

◉贈り物には、こういう〝返し〟が効果的

□**過分なお志を頂戴いたしまして**

餞別や寄付、見舞いの品をもらったときに使うフレーズ。「お志」は、相手がくれた金品を意味する婉曲表現。「過分な（＝身分不相応）」という形容で自分を低

めると、相手を立てることができる。「今回は、過分なお志を頂戴いたしまして、恐縮しております」のように使う。

□重宝しております

ものを贈った側は、気に入ってくれたか、使ってくれているかと、気にしているもの。「重宝」は、その不安を払拭する一言。もとは「貴重な宝」という意味で、そこから「使い勝手がよいもの」という意味が生じた。「頂戴した○○、重宝に使わせていただいております」など。

◉会合・パーティで使ってみたい言葉

□盛会でございますね

パーティなどに出席したとき、主催者や関係者をくすぐるフレーズ。帰り際に主催者らに会ったときは、「盛会でございましたね」と過去形でいえばいい。結婚式では、「盛大なお式で、お慶び申し上げます」というと、よく似合う。

□思わず時間が立つのを忘れてしまいました

パーティや飲み会などに参加したときに、「たいへん楽しかった」という気持ちを伝えて、主催者や幹事をくすぐる表現。「思わず時間が立つのを忘れてしまいました。盛り上がったのも、○○さんのお人柄ゆえですよね」などとくすぐればいい。

□本日はお招きいただき、ありがとうございます

パーティや結婚式に招かれたときの挨拶。「お招きいただき」という謙譲語を使うことで、相手を持ち上げることができる。

□有意義な時間を過ごすことができました

勉強会や講演会などが終わったあとに、主催者や誘ってくれた人に感謝するフレーズ。「有意義な時間」という言葉に、いい会合だったという意味を含ませられる。「おかげさまで、有意義な時間を過ごすことができました」など。

◉「趣味の腕前」はどうやってくすぐればいい？

□○○部のご出身ですか？

スポーツの腕前をくすぐるときの定番フレーズ。ゴルフのうまい人には、「ゴルフ部のご出身ですか？」というように使う。「お上手ですねえ。若い頃、体育会でされていたんですか」のようにも変化をつけられる。

□プロ顔負けですね

何らかのジャンルで、玄人はだしの腕前をもつ人をくすぐる言葉。たとえば、料理のうまい人には「プロ顔負けの味ですね」、「プロ顔負けの包丁さばきですね」のように使う。「玄人顔負け」、「玄人以上ですね」も同様に使える言葉。

□○○にしておくには、もったいないくらいの腕前

これも、プロ顔負けの腕をもつ人をくすぐるフレーズ。○○には、その人の仕事（本職）がはいる。たとえば、歌がひじょうにうまい人には、「サラリーマンにしておくには、もったいないくらいの歌唱力ですね」などとヨイショできる。

□結構なお点前《てまえ》で

茶道で、亭主をつとめた人をほめる定番フレーズ。この一言で、茶の味、亭主としての振る舞い、しつらえに関する心配りなど、すべてをほめたことになる。

◉「料理の腕前」はどうやってくすぐればいい？

□おいしゅうございました

手料理を振る舞われたときは、まずは、この言葉を返すのがマナーである。料理

自慢の人には、この言葉に続けて、「プロ顔負けの味ですね」などと、くすぐればいい。一方、やきそばなどのカンタンな料理は、大げさにほめるとかえって嫌味になりかねないので、とりあえず「おいしかったです」とだけいっておけばよい。

□どうしたら、こんなにいいお味が出せるのですか

料理自慢の人は、レシピを尋ねて、くすぐることもできる。「どうすれば、こんなにカラっと揚がるのですか」、「何か特別な調味料を使っているのですか」などと、興味を覚えた点について質問すれば、相手の腕前に感心していることを表せる。

□こんなに新鮮な○○は初めてです

食材をほめることは、その食材を用意してくれた相手の心遣いに感謝することにつながる。こうくすぐれば、相手は「近くの八百屋さんが特別に用意してくれる

んです」、「親戚の農家が、旬の食材を送ってくれるんです」などと答えてくれ、話が弾むはず。

□奥様は、とても料理がお上手でいらっしゃいますね

相手の妻の手料理をごちそうになったときは、料理の腕前をほめるのがマナー。「毎日こんな料理が食べられるなんて、うらやましいです」と続ければ、相手とその妻の双方をくすぐることができる。

□ひさしぶりに、おいしい○○をいただきました

たとえば、相手がインスタントではないコーヒーを丁寧に入れてくれたときには、「ひさしぶりに、おいしいコーヒーをいただきました」と、心遣いに感謝したい。相手は、自分の気遣いが理解されていることに気をよくし、単に「おいしいです」といわれたときよりも、大きな満足を感じるはず。

◉相手の「自慢の品」はほめるにかぎる

□深い味わいを感じます

人が自慢の品を見せるのは、ほめられたいから。だから、見せられた側はほめるのがマナーになるが、知識が乏しいと、なかなか適切な言葉を繰り出すことはできないだろう。そこで、たとえば茶器や骨董品を見せられたときには、とりあえず「深い味わいを感じます」と返しておくといい。知識が乏しいのに具体的なことを口にするとボロが出やすいので、まずはこうくすぐり、あとは「由緒のある品なのですか」と質問に切り換えれば、相手は喜んでウンチクを傾けてくれるはず。

□本物は、やはり違いますね

素人目にも相当な品と思えるものを見せられたときには、こう応じればいい。さらに、相手の扱い方などから最上級の品と思われるときには、「国宝級じゃないのですか」という持ち上げ方もある。

□目の保養をさせていただきました

美術品、骨董品などを見せられたときに使う常套句。相手が「これ、家宝なんですけどね」などと、秘蔵の品を出してきたときには、「こんなすばらしい品を拝見できるなんて、いい目の保養をさせていただきました」などと持ち上げればいい。

□けっこうな○○

これは、ほとんどの品、物に対して使えるフレーズ。たとえば、自慢の茶器を見せてもらったときには「けっこうなお道具を見せていただきまして」と応じればいい。贈り物をもらったときには、「けっこうな品を頂戴しまして」などと使える。

◉人をぬけぬけとほめあげるフレーズ

□世が世であれば

名家の出身であることを示すフレーズ。たとえば、大名家につながる家柄の人には、「世が世であれば、お殿様ですよ。私などがお付き合いできるご身分では～」という具合。ただ、本物の元大名家の出身者は、いわれ慣れているはずなので、単なる武家出身者あたりに使ったほうが効果的なセリフ。

□まだまだ、ほめ足りないくらい

人をほめ、相手が謙遜したときに、もう一度ほめるフレーズ。たとえば、こちらのほめ言葉に、相手が「過分すぎるお言葉です」と返してきたときには、「いやいや、まだまだ、ほめ足りないくらいですよ」と応じれば、もう一段ほめあげることができる。

□まるで夢のようです

思いがけない幸運に恵まれたときに使うセリフ。とりわけ、その幸運をもたらしてくれた相手に対して使うと、謙虚な感謝の言葉になる。「直々にお誘いを受けるなんて、まるで夢のようです」など。

□見上げたお話です

相手の奇特な行為やいい習慣を持ち上げるセリフ。たとえば、相手が毎年、慈善団体に寄付していると聞いたときには、「見上げたお話です。なかなか、できることではありませんよ」とくすぐればいい。

Column 2
ストックしておきたい〝くすぐり言葉〟一覧

このコラムにまとめたのは、今どきの大人社会で使われている〝くすぐり言葉〟の数々。これらのフレーズを頭の片隅においておけば、もう人をほめる言葉に詰まることはないはず。ビジネスシーンで、プライベートで、ぜひ、使ってみてほしい。

・アクティブですね
・憧れますよ
・あなたなら、絶対できますよ
・あなたは特別の人ですよ
・あなたがいちばんですよ
・いい声ですね
・いいですね
・生き生きしていますね
・いけていますね

・いちばん光っていましたよ
・いつもありがとう
・いつも一生懸命ですね
・いつも落ちついていますね
・運も実力のうちですよ
・笑顔がいいですね
・エネルギッシュですね
・エネルギをもらっています
・おいしそうに食べますね

・おおらかですね
・思いきりがいいですね
・思いやりがありますね
・恰幅がいいですね
・輝いていますね
・感謝しています
・勘が鋭いですね
・貫禄がありますね
・感動しました
・完璧ですね
・寛大ですね
・気がききますね
・聞き上手ですね
・気前がいいですね
・期待の星ですね
・期待を裏切りませんね
・期待しています

・機転がききますね
・肝が据わっていますね
・キラキラしていますよ
・決断力がありますね
・元気いいですね
・謙虚ですね
・ご一緒できて楽しいです
・個性的ですね
・豪快ですね
・ご立派になられて
・行動力がありますね
・心が広いですね
・根気がありますね
・爽やかですね
・姿勢がいいですね
・自立していますね
・幸せそうですね

・仕事が丁寧ですね
・仕事熱心ですね
・自慢の友だちですよ
・シャープですね
・集中力がありますね
・上手ですね。
・情報通ですね
・芯が強いですね
・信頼しています
・柔軟ですね
・辛抱強いですね
・スタイリッシュですね
・スピーディですね
・センスがありますね
・清潔感がありますね
・誠実ですね
・責任感ありますね

・積極的ですね
・そのとおり、ですよ
・その調子ですよ
・そんな一面もあるんですね
・体力ありますね
・タフですね
・多才ですね
・たくましいですね
・伝説になりますよ
・頼りがいがありますね
・ダンディですね
・次も頼みますよ
・てきぱきしていますね
・天才的ですね
・堂々としていますね
・度胸ありますね
・なんだかホッとしますよ

・何でもご存じですね
・人間味がありますね
・ノリがいいですね
・バイタリティがありますね
・華がありますね
・話しやすい方ですね
・話し上手ですね
・歯並びがきれいですね
・パワフルですね
・引き出しが豊富ですね
・人を見る目がありますね
・表情がいいですね
・懐が深いですね
・太っ腹ですね
・包容力がありますね
・ポジティブですね
・前向きですね

・面倒見がいいですね
・モテるでしょう
・物腰がやわらかいですね
・やさしいですね
・勇気ありますね
・夢がふくらみますね
・よく考えていますね
・読みが深いですね
・凛々しいですね
・リーダーシップがありますね
・冷静ですね
・礼儀正しいですね
・レスポンスが速いですね
・良心的ですね
・話題が豊富ですね

5章　相手の〝こころ〟をくすぐる〈心理テクニック編〉

1 第一印象をよくするコツ

5章と6章にまとめたのは、心理学、そして経験知に裏打ちされた人をくすぐるコツ。「お世辞の効くタイプの見分け方」、「苦手な人さえ持ち上げる方法」など、より実践的なノウハウを紹介していきます。他章でストックした〝大人のくすぐり言葉〟を駆使するためにも、人を喜ばせるための多様なテクニックをマスターしていただければ、と思います。

そもそも、第一印象は、なぜ変わりにくいのか？

他者に対する評価は、第一印象に大きく左右される。心理学では、そうした傾向を「初頭効果の法則」と呼ぶ。加えて、人には、最初に受けた印象が、その後、変わりにくいという心理傾向もある。なぜ、第一印象は変わりにくいのか？

その第一の理由は、人には、自分の感じた第一印象を「正しい判断」を思いこもうとする傾向があること。そのため、人は、自分の第一印象を補強するための情報ばかりを集めようとするのだ。

たとえば、第一印象で「態度が大きい」と感じた相手に関しては、その後、そのような姿ばかりが目につくようになる。無意識のうちに、自分が受けた第一印象を強化する情報を集めてしまうのである。

こうして、無意識に集めた情報をもとにして、人は「やはり、自分が最初にいだいた印象は間違っていなかった」と思い込む。こうした心理傾向を、心理学では「仮説検証バイアス」と呼ぶ。

話しはじめるまえに、第一印象をよくする3つのコツ

そこで、人とつきあううえでは、第一印象をよくすることが必要になるのだが、

そのためには、3つのコツがある。

まずは、「アイ・コンタクト」。「親しくなりたい」という気持ちを込めて、相手の目をまっすぐに見ることだ。

次いで、「微笑み」。目を合わせたまま、自分から先に微笑むことで、相手に好意を伝えるのである。

さらに、「身を乗り出す」こと。相手の方へ若干上体を傾けると、お近づきになりたいという意思を無言のうちに伝えられる。

このように、「アイ・コンタクト」、「微笑む」、「身を乗り出す」の順番で、心理的に〝接近〟すれば、視線を合わさなかったり、腕を組んだりしているよりも、第一印象が格段によくなることはまちがいない。

最短の時間で相手に「自己開示」させるには？

初対面で、自己紹介し合うさい、人には、自分のことを詳しく話したとき、相手に対して好意を抱く傾向がある。人は、詳しく自己開示したという自分の行動によって、自分が相手に気を許していることを確認し、それが相手へのさらなる好意につながるというわけだ。

そこで、相手に好意を抱かせるには、相手に自己開示させることが必要で、そのためには、まず自分から自己開示するのが、手っとり早い方法になる。

まず、自分から、自分のことについて話しはじめる。すると、相手も、多少は自分のことを話そうかと思う。そうやって、互いに自分のことを話し合ううち、相手は自分が自己開示していることに気づく。すると、自分が相手に対して気を許していることを確認し、それが好意につながるのだ。

小さな共通点を強調し、大きな好意をいだかせる

人には、「共通点」のある相手に好意を抱く傾向がある。集団生活をする動物である人間には、本能的に孤立をおそれ、他者との共通点を探す傾向があるので

ある。

この心理を利用するには、初対面の席では、互いの共通点をさりげなく強調すればいい。もっとも簡単な方法は、郷里や出身校、あるいは共通の知人を話題にすること。同じ地方の出身というだけでも、共通点がまったくないときよりは打ち解けやすいことは、経験的にいっても間違いのないところだろう。

そもそも、人には、自分に似ている人を好きになる傾向があり、心理学者のニューカムは、「似た者同士が親しくなる」ことを次のような心理学実験で明らかにした。

彼は、大学寮に新しく入ってきた学生17人が、どのように親しくなっていくかを半年間にわたって調べた。すると、当初は、部屋の近いもの同士が親しくなったが、しだいに類似した趣味や態度をもつ者同士が親しくなった。要するに、人は、態度や考え方、趣味などが、自分に似ていると思う人に好感を覚えるということだ。

人には、自分の正しさを確認したいという欲求がある。自分に似ている人が近くにいれば、互いに共感・共鳴することで、自分の正しさを確かめられ、それだけで気分がよくなるというわけだ。

うなずく回数を増やすだけで、なぜ相手は心を許すのか

心理学者のマタラゾは、次のような心理実験を行った。消防士と警官の面接採用試験で、45分間の面接試験のうち、15分の間だけは面接官がしきりにうなずくようにしたのだ。すると、面接官がしきりにうなずいた15分間にかぎって、受験者は目にみえてよく話すようになったという。

普通の雑談でも、うなずく回数を増やすだけで、相手がより饒舌になることが確認されている。初対面のさいはなおさらのことで、うなずくほどに、相手は安心し、リラックスして、言葉数が増えていく。というわけで、うなずきは、相手の気持ちをくすぐる最も簡単かつ効果的なテクニックといえる。

なぜか好感を持たれる〝失敗談〟の話し方

人には「自尊心を満足させたい」という欲求がある。その自尊心を満足させる最も簡単な方法は、目の前に自分よりも劣った人間が現れることである。その心理を利用すれば、人から好かれるためには、あえて自分の欠点をさらせばいいということになる。優秀な人間を装うのではなく、あえて欠点を見せて、自分は劣っていると装って、相手の自尊心をくすぐるのだ。すると、相手はこちらに親近感を抱き、好意を感じやすくなる。

これは初対面に限らず、人間関係全体を好転させるコツのひとつといえる。人は、優秀なだけでは、人気は出ない。優秀なうえに、少々ドジなところのある人のほうが、人気はずっと高くなるのだ。そのことは、次の心理実験でも、証明されている。

アメリカの大学で、男女の学生に、4人のフットボール選手のビデオを見せた。

4選手のうち、2人は優秀で、2人は平凡な選手。その紹介ビデオでは、優秀な選手と平凡な選手一人ずつが、コーヒーをこぼすなどのドジをしてみせた。そうして、4人の選手を「優秀な選手」、「優秀だが、ドジな選手」、「平凡な選手」、「平凡で、ドジな選手」の4タイプに分け、学生たちに最も魅力を感じた選手を答えさせた。

すると、もっとも人気が高かったのは、「優秀だが、ドジな選手」。以下、「優秀な選手」「平凡な選手」「平凡だが、ドジな選手」という順だった。

つまり、人は、優秀な人間がちょっとしたドジをしたとき、その人に対して親しみを抱く傾向がある。一方、ただ優秀なだけの人間は、おもしろみに欠けると思われ、人気者にはなりにくいのである。

2 くすぐり効果を実感できる心理テクニックとは?

お世辞の効くタイプ、効かないタイプ

心理学者のフォーダーとファローは、お世辞の効果に関する心理実験を行った。

まず一人の被験者に、三人の人の作業を監督し、その仕事ぶりを評価する役目を与えた。そのうえで、三人のうちの一人に「あなたの指導はすばらしい」、「作業がスムーズに進むのは、あなたのアドバイスのおかげです」などとお世辞をいわせ、そのお世辞が評価にどれくらい影響を与えるかを調べたのだ。

すると、お世辞の効果は、被験者の「パワー欲求」と比例していることがわかった。「パワー欲求」は、支配力や権力を求める欲求であり、それが強い人ほど、

お世辞をいう人を高く評価したのだ。つまり、パワー欲求の強い人ほど、お世辞に弱かったのである。というわけで、パワー欲求の強いタイプを上司にもったときには、お世辞、くすぐりがよく効くというわけ。

「陰ぼめ」に大きな心理的効果があるワケ

陰ぼめは、第三者を通じてくすぐる方法。第三者に「○○さんは立派だ」と言っておき、それがめぐりめぐって○○さんに伝わることをいう。

心理学では、こうした陰ぼめによる効果を「ウィンザー効果」と呼ぶ。相手を直接ほめると、相手は「お世辞かな」と疑いもするが、第三者を通して耳にした言葉は、お世辞ではなく、相手の本心からの言葉と受け止めやすくなるのだ。

なお、「ウィンザー効果」の「ウィンザー」は、アーリーン・ロマノネスの自伝的スパイ・ノンフィクション『伯爵夫人はスパイ』の登場人物・ウインザー公爵夫人の名にちなむ。同作の中で、夫人が「第三者のほめ言葉は、どんなときでも一番効き目がある」ということから、こう呼ぶようなった。

不快な印象を好印象に一気に変えるには？

人間の記憶をめぐっては、「系列内位置効果」という法則がある。一連の出来事でも、最初と中盤、最後とでは、記憶の残り方が違ってくるのだ。具体的にいうと、中盤の出来事は忘れやすいが、最初と最後の出来事は記憶に残りやすく、とりわけ最後の出来事は全体の印象を左右するという法則である。

だから、人間関係でも、「終わりよければすべてよし」の法則が働く。たとえば、人のミスや欠点を指摘したときは、最後に「しかし、あなたには助けられることが多く、頼りに思っている」などと、フォローしておく。

すると、相手は欠点を指摘され、中盤までは不快に思っていただろうが、最終的にほめられることで、その不快感はかなり和らぐ。叱責したことで人間関係が壊れるというリスクが軽減されるわけである。

3 好かれる人は、こんな心理の技法を実践していた

人の好き嫌いを操縦する基本技術

心理学者のメイとハミルトンは、次のような心理実験を行った。女子学生に、好きな音楽と嫌いな音楽を聴きながら、男性の写真を見て魅力度を評価してもらった。すると、好きな音楽を聴きながら評価したときには、男性の魅力度が高くなり、反対に嫌いな音楽を聴きながらだと、評価は低くなった。

つまり、人を好きになるか嫌いになるかは、そのときの気分に左右されるということ。だから、人と初めて合うときには、できるかぎり快適な環境を用意したほうがいい。電車のガード下で会うよりも、浜辺のカフェで会ったほうが、相手

がこちらに好意をいだく確率は格段に高くなる。

熟知しているふりをして、好感を抱かせる

心理学には「熟知性の原則」という法則がある。人は、自分のことをよく知る相手、あるいは自分が相手のことをよく知っている相手に対して、好意を抱く傾向があるのだ。だから、人は相手と会う回数が増えるほどに、親しみを持つようになるのだ。

これは、初対面の相手に対しても使える法則だ。たとえば、相手とウマが合うようなら、「あなたとは初対面の気がしませんね」や「昔からの知人のように思えます」などと、さも互いに熟知し合っているような雰囲気を演出してみる。すると、相手は互いによく知っているかのような錯覚を覚え、好意を抱くようになるのだ。

〝相談〟されると、恋愛に発展しやすいのは？

人同士が親しくなるプロセスは、心理学的には、自分の情報を相手に開示し、相手からも情報を得るという「自己開示」の積み重ねと説明される。一方が自己開示したら、もう一方も自己開示する。そうして、情報を開示し合うことで、親密になっていくのである。

その自己開示を一気に進めるのが、「相談」という形の情報提供である。相談を装うと、それまで互いにプライベートをあまり知らない間柄でも、一気に大量の自己情報を開示できる。

すると、相談されたほう（自己開示されたほう）は、自分は信頼されていると自尊心が満たされ、相手への好意を覚えやすくなる。それが、異性から相談を持ちかけられたとき、恋愛に発展しやすい心理メカニズムといえる。

苦手な人との人間関係を好転させるコツ

人には、「自分を好きな人が好き」という傾向がある。心理学では、そのような傾向を「好意の返報性」と呼ぶ。

人は誰しも、他の人から好意をもたれたいと願っている。そして、好意をもたれていることを確認すると、自尊心が満たされ、その満足をもたらしてくれた人に対し、好意を抱くようになるのだ。

逆にいうと、人に好かれようと思えば、自分から先に、その人を好きになればいいということ。その好意に相手が気づけば、「好意の返報性」のメカニズムが働いて、こちらのことを好きになってくれる確率が高くなる。

④ 上手に謝れる人は、人間関係で失敗しない人

「悪気はなかった」という謝り方が有効なのは？

謝るとき、「悪気はありませんでした」というと、相手の怒りをおさえる効果がある――そのことは、心理学者のドッジが行った、次のような実験でも証明されている。

ドッジは、子どもたちにジグソーパズルをつくらせ、完成寸前で別の部屋に移動させた。そして、移動中、他の子どもに完成間近のジグソーパズルを壊させた。もとの部屋に戻り、壊れたジグソーパズルを見た子どもたちに、ドッジは子どもたちを2つのグループに分け、次のように説明した。

ひとつのグループには、壊した子どもに悪気はなく、手伝おうとしたら、壊してしまったというもの。もうひとつのグループに対しては、他の子どもがわざと壊したと説明した。すると、「わざと壊した」と言われた子どもたちは、大いに怒り、攻撃的な行動もとった。一方、「悪気はなかった」といわれた子どもたちの怒りは、それほどではなかった。

というわけで、「悪気はなかった」という言葉は、責任逃れのようにも聞こえるものの、相手の怒りや攻撃衝動をおさえるには、一定の力があるのだ。

クレームをつけてくる人をなだめ、説得するコツ

企業のクレーム係は、消費者らからのクレーム電話に対して、反論は避け、聞き役に徹する。そして、「たしかに承りました。かならず担当者に申し伝えます」と答える。こうして、聞き役に徹するだけで、電話をかけてきた人たちの欲求をかなりの部分、満たすことができるからである。

苦情電話をかけてくる人に対して、論理的に反論し、客観的事実を提示したところで、相手がそれに納得する確率は低い。それどころか、下手に理屈で攻めると、相手の自尊心を傷つけ、さらに怒らせかねない。そこで、クレーム係は聞き役に徹して、相手を不満の矛先をそらすというわけである。

角を立てずに、相手の要求をしりぞけるワザ

人からの要求を断るコツのひとつは、相手を持ち上げ、自分を卑下すること。どんな場合でも、人は上からモノを言われることを好まない。逆に、持ち上げられれば、お世辞とはわかっていても、悪い気はしない。

断られるとき、「忙しくて、そんな話、つきあっていられないよ」などといわれると、不快に思うもの。一方、「とても、私の能力ではつとまりません。迷惑をかけることになってしまいます」などと、卑下されると、相対的に自分が持ち上げられるので、断られても「まあ、しかたがないか」と思えるというわけだ。

5 心理テクニックで人の興味をひき、関心をくすぐる

人と打ち解けるには、オープンポジション

こちらの腕のおきどころは、相手の心理にかなりの影響を及ぼす。

まず、腕を組むのは「クローズドポジション」と呼ばれ、自分をガードしようとする構え。こちらがこのポーズをとると、相手は無意識のうちに拒絶されているように感じ、話がはずまなくなってしまう。

一方、腕組みはしないで、手のひらを相手に見せるような形を「オープンポジション」と呼ぶ。オープンポジションをとると、相手はこちらが心を開いているように感じ、親近感を覚え、こちらの話に興味を抱きやすくなるというわけ。こ

のオープンポジションは、相手から信頼を得る基本姿勢といえる。

ベタな〝泣き落とし戦術〟が意外に効くわけ

企業同士の商談では「窮状をお察しください」などの泣き落とし戦術が使われることがあるし、選挙では「お助けください」というセリフがおなじみだ。泣き落としはベタなようでいて、今もなかなか優秀な説得法なのだ。

心理学的にみると、こうした泣き落としには、自分を下位に置き、相手の優越感をくすぐる効果があるといえる。すると、相手は自尊心を満足させ、無意識のうちに相手の話に興味をもち、説得に応じやすい状態になるのだ。

「バーナム効果」を利用して説得する

人には、自分に関して漠然としたことをいわれると、それを当たっていると思う傾向がある。そして、いい当てた人を、洞察力にすぐれた人と思いこむのである。そうした心理傾向は「バーナム効果」と呼ばれる。

たとえば、「君は感性が優れている」といわれても、具体的には、何がどうすぐれているのか、よくわからない。ところが、いわれた方は、その言葉が漠然としていて、カバーする範囲が広いため、少しでもかすっている部分があると、当たっていると感じてしまうのだ。

だから、人に関して語るときは、もっともらしいことを曖昧に語っておけばいい。漠然としたことをいうほど、相手は勝手に解釈してくれ、「自分のことをよく見てくれている洞察力にすぐれた人」と思いはじめるというわけだ。

頼みごとで大きな成果を得るコツ

心理学者のチアルディニとシュレーダーは、次のような実験を行った。男女のペアに「アメリカがん協会の者」と名乗らせ、ガン撲滅の寄付金を集めさせた。

そのとき、「いくらか寄付をお願いできませんでしょうか」というペアと、「1セントでもかまいませんから、お願いします」というペアに分けた。

すると、結果は、「いくらか寄付を」と頼んだペアが集めた総額は18ドル55セントにとどまったのに対し、「1セントでもかまいませんから」と頼んだペアは、30ドル34セントも集め、募金成功率でも上回った。

というわけで、人に何かを頼むときには、まずは小さく切りだし、相手の心理的抵抗をとりのぞくと、大きな成果を得られるというわけだ。

なぜ〝接待〟に効果があるのか？

心理学者のジャニスは、次のような実験を行った。

「ガンの治療は、何年後に可能になるか」、「米軍の規模は、どの程度が適当か」などのテーマについて、二つの学生グループに、それぞれ同じ文章を読んでもらう。そのさい、ひとつのグループにはコーラとピーナッツを与え、もうひとつのグループには何も与えなかった。

すると、いずれのテーマでも、コーラを飲みピーナッツを食べながら、文章を読んだ学生のほうが、文章に説得された人が20％も多かった。

この効果は、「フィーリング・グッド」理論で説明される。食べることは快感であり、そういう快感に身をおくと、人は自分とは異なる意見を読まされたときでも、不快感が薄まり、説得されやすくなるというわけ。

だから、人に物事を依頼したり、説得したいときには、おいしいものを食べながらの接待の席で行うと、効果的というわけである。

「語法効果」で、人の印象を操作できる

ロフタスとパーマーという心理学者は、次のような心理実験を行った。被験者に自動車事故の映画を見せ、その後、「自動車は『激突』したとき、どれくらいの速度で走っていたか？」などと質問し、『激突』の部分を他の単語に変えてい

くと、被験者の速度に関する印象がどのように変化するかを調べたのだ。

まず、「激突した」（もとは英語）という激しい単語を使うと、被験者は最も速い速度を答えた。次いで、「衝突した」、「ぶつかった」と表現をゆるめていくと、速度が落ちていくことがわかった。

つまり、人の受ける印象は、言語表現によって簡単に誘導されるというわけ。こうした効果を心理学では「語法効果」と呼ぶ。むろん、実生活でも、微妙な言い回しの変化によって、相手の受ける印象はずいぶん違ってくるわけで、だからこそ「大人のモノの言い方」を身につけることが必要だともいえる。

6 このくすぐり方で、部下をのせる！ その気にさせる！

反発されないように、部下に命令するコツ

人には、大筋は上からの命令であっても、細かな点をまかせられ、多少でも権限を与えられると、「命令された」と感じにくくなる傾向がある。

だから、部下からの評判のいい上司は、命令するときでも、修正可能な部分を残しているもの。たとえば、営業エリアの分担を変えるときでも、細かな線引きまで口を出さない。大きな方向だけを示し、具体的な線引きは部下にまかせてしまう。そうして、部下に権限を残すと、部下は「上から押し付けられた」、「力で変えられた」といった不満を抱きにくくなるというわけだ。

反発を事前におさえこむ「君らしくもない」

失敗した部下を反省させたいとき、ただ大声で叱責しても、反発されるだけに終わるだろう。なぜ失敗したかを分析し、今後の成長をうながすには、まず反発心をおさえることが必要になる。

そこで、前述のように「どうしたんだ、キミらしくもないな」と声をかけてみる。それから、次に何をすべきかをアドバイスする。そうすれば、部下は最初の言葉で反発心をおさえられているので、冷静になぜ失敗したかを分析してみようか、という気持ちになりやすいというわけである。

不満の爆発を防ぐには、どうすればいい？

電車が突然停車したとき、車内放送がまったくなければ、乗客は不安で、不愉快に思うことだろう。車掌に「どうなっているんだ！」と詰め寄る人が現れるかもしれない。だから、車掌は「○○駅で発生しました人身事故の影響で、電車が15分ほど遅れています」といった車内放送を行う。

すると、それだけのことで、乗客のストレスはかなり軽減される。状況は同じでも、原因と見通しが示されると、ストレスの多くは解消されるのである。

人には、将来の見通しが立たないとき、強いストレスを感じる傾向がある。だから、事情を説明することで、不満の爆発を未然に防ぐことが必要になるのだ。

エンハンシング効果を利用して、やる気をさらに引き出す

「エンハンシング効果」は、ある程度やる気になっている人をさらにやる気にさせる効果。

まず、人の動機は、大きく「内発的動機」と「外発的動機」に分けられる。前者は、自発的に「やりたい」と思う動機のこと。後者は、外部からの報酬などに

よって、外から与えられる動機を指す。

「エンハンシング効果」は、一定の内発的動機を持つ人に対し、外部から報酬を与えると、さらにやる気が高まるという法則。その外部からの報酬は、金銭的報酬や地位、肩書などのほか、言語的報酬（ほめ言葉）でもかまわない。内発的にやる気になっている人に対し、ほめ言葉をかけると、やる気は一段と高まっていく。

実践的には、部下を観察して、やる気になっている方向性を見抜いて、適切なほめ言葉をかければ、大きなやる気を引き出せるというわけ。

部下に「仕事ができない」とは言ってはいけない理由

心理学に「ゴーレム効果」という言葉がある。人をほめて伸ばす「ピグマリオン効果」とは反対の心理効果で、人に対して悪い印象をもって接すると、その言動が相手に影響を与え、本当に悪い人になっていくという効果を指す。

たとえば、相手に対して「無能」という印象を抱き、その印象をもとに接すると、相手は本当に無能になっていく。だから、部下を伸ばしたときには、「おまえは○○な人間だ」などとネガティブに決めつけるのは、得策ではないというわけ。なお、「ゴーレム」は、ユダヤの伝説にある意思を持たない泥人形のこと。

「レッテル」を貼ると、部下が伸びるわけ

「ラベリング効果」は、人にレッテルを貼る（＝ラベリング）と、人はそのレッテルに合わせて行動するようになるという心理効果のこと。

レッテルの中身は、いいことでも悪いことでもかまわない。たとえば、部下に「君は礼儀正しいね」とレッテルを貼ると、部下は自分の礼儀正しさを今まで以上に意識し、さらに礼儀正しく振る舞うという具合だ。要するに、レッテルを貼ることによって、前述のピグマリオン効果やゴーレム効果がより大きく現れるというわけ。

6章　相手の〝こころ〟をくすぐる〈大人の処世術編〉

1 いい人間関係は〝くすぐり〟で決まる

初対面では、まず名刺と名前をほめる

人間関係を円滑にスタートさせるコツは、初対面のとき、できるかぎりすみやかにほめること。初対面の人とは、名刺交換した瞬間、一言ほめることを習慣にしておくくらいでいい。

その際、ほめポイントとなるのは「名刺」。相手の名刺に何か工夫がしてあればそれをほめればいいし、珍しい名前の場合は「立派なお名前ですね」とほめればいい。まず、名刺か名前をほめてくすぐり、人間関係が円滑にスタートするのであれば、こんなに安い言葉の投資はない。

会うたびに、何かひとつくすぐる

人間は、たとえお世辞とわかっていても、ほめられて悪い気はしないもの。そこで、人と会うときは、何かひとつはほめることを習慣にしておくといい。「今日のネクタイはステキですね」、「いつも話題が豊富ですね」など、ほめポイントは何でもいい。会うたびにほめておくと、相手はしぜんこちらに好感を抱き、無意識のうちに、こちらと会うことを楽しみとするようになるはず。

小さな変化に気づいたときは、すぐにくすぐる

相手の変化に気づいたときは、それをすかさず話題にして、くすぐることだ。たとえば、「スマホが変わった」、「飲み物の好みが変わった」など、何らかの変化に気づいたときは、「あれ、スマホ、変えたんですか」と話題にするといい。

誰しも、自分が関心をもたれていることに気づけば、悪い気はしないもの。そして、「そのスマホ、最新機種でしょう?」などとくすぐれば、雑談は弾み、相手はこちらに好感を寄せてくれるはず。

くすぐり言葉は、できるだけ具体的に

人をくすぐるとき、「それ、すばらしい」、「いいですねえ」などと、抽象的な形容詞を使っていると、くすぐり効果はしだいに薄れてくる。

相手を持ち上げる言葉に説得力を持たせるには、できるかぎり具体的にくすぐることだ。「色使いがすばらしいですね」、「いつも目の付けどころがいいですね」などと、どこがどうすぐれているかを具体的に指摘するほど、くすぐり効果は高くなる。

理由を添えて、くすぐる

くすぐり言葉に説得力を持たせるもうひとつの方法は、「理由を添える」こと。単に「感心した」といわれても、どこにどう感心されたのか、ピンとこないことがあるもの。そこで、くすぐり言葉に具体的な理由を添えるのだ。

たとえば、「君の粘り強い姿勢に大いに感心した」と理由を添えれば、相手は自分のことをよく見て、評価してくれたことに、より大きな満足を覚えるはず。

ほめ言葉をリアルにするには、数字を使え

人をほめるときには、数字を使うと、ほめ言葉がよりリアルに響く。たとえば、スピーチなどでは「多大な実績をあげられ〜」というよりも、「売り上げを2倍にするという多大な実績をあげられ〜」といったほうが、ほめ言葉がよりリアル

に伝わるもの。むろん、ほめている相手へのくすぐり効果が高くなることはいうまでもない。

相手の気づかない長所を探し出して、くすぐる

きれいな女性に対して、「きれいですね」とほめても、さほど喜んではもらえないもの。むしろ、美人の心を射止めるのは、それ以外の長所をほめる人だ。本人も気づいていないような長所を探してくすぐれば、相手の気持ちに大きなインパクトを与えることができる。

たとえば、美人がこまやかな心配りを見せたとき、すかさず「気が利きますね」とほめれば、相手はあまり言われたことのないほめ言葉に、承認欲求をおおいに満たされるというわけ。

成果が上がったときは、すぐにほめる

心理学の実験によると、仕事や勉強が一区切りつくたびに、即座に評価を与えると、作業能力や学習能率が上がるという結果が出ている。つまり、人は、ひとつの仕事を完了したとき、すぐにほめられると、やる気が高まるというわけだ。

むろん、人は、やる気が高まるような言葉をかけてくれた人に対しては、好感を覚える。だから、人を指導する立場になったときは、相手をよく観察し、仕事に区切りがつくたびに、こまめにほめるといい。仕事の能率がアップするうえ、相手の好感を得ることにもつながっていく。

お世辞は、照れずに、ぬけぬけと

広辞苑によると、「お世辞」とは、「きげんをとるために相手を必要以上にほめ

ること」とある。つまり、普通の「ほめ言葉」は事実をほめるのに対し、「お世辞」は事実を誇張してほめる言葉といってよさそうだ。

そのため、お世辞を口にすることに、気恥ずかしさをおぼえる人もいることだろう。しかし、お世辞こそ、ヌケヌケといってこそ、効果が大きくなる。照れくさそうにいうと、お世辞であることがバレバレになってしまうが、照れずに堂々と口にするほど、お世辞ではないように聞こえるものだ。

くすぐり効果が高いのは「が」より「も」

「一字」変えるだけで、くすぐり効果をアップする方法がある。たとえば、「話し方がステキですね」ではなく、「話し方もステキですね」とくすぐってみるのだ。

「が」を「も」に変えただけのことだが、「も」という並列の助詞の効果で、ほめられた側は、話し方だけでなく、ほかの部分もほめられたような気になる。というわけで、人をほめるときは、「が」や「は」を「も」に変えられないか、考えてみるといい。

メールの最後に「P・S」として短くほめる

メールなど、会話以外のコミュニケーションでも、むろん人をくすぐることができる。たとえば、事務的なメールの最後に「P・S」としたうえで、短くほめ言葉を添えるといい。たとえば、「P・S　先日の会議の仕切り、お見事でした！」、「P・S申し遅れましたが、先日のドレスアップした姿、じつにおきれいでした」という具合。

2 〝あいづち〟だけで相手をくすぐるノウハウとは？

あいづちの頭に「あいうえお」を置けば、もっとくすぐれる

あいづちの頭には、「あ・い・う・え・お」をつけると効果的になる。

たとえば、「そうなんですか」の頭には「あ」、「え」、「お」をつけて、「あっ、そうなんですか」、「え〜、そうなんですか」、「お〜、そうなんですか」という具合。

また、「驚きました」の頭に「い」をつけて、「いやー、驚きました」、「本当ですか」に「う」つけて、「うわ〜、本当ですか」といえば、あいづちに感情がこもり、より効果的に相手をくすぐることができる。

オウム返しの言葉だけでも、話ははずむ

あいづちとなるような言葉を思いつかないときは、〝オウム返し作戦〟を使うといい。たとえば、相手が「最近の野球は面白くないですね」といったとき、「ええ」の次に続ける言葉が思い浮かばなければ、「面白くないですね」と、相手の言葉をおうむ返しに繰り返すのだ。

すると、それだけのことで、相手は「自分の考えに同意してくれている」と感じ、その後の雑談がはずみやすくなる。

目を見ながらうなずくのも、重要なあいづち

相手の目を見ながら「うなずく」のは、重要なボディランゲージのひとつ。聞き手がタイミングよくうなずけば、話し手をリラックスさせ、どんどんのせてい

くことができる。

一方、聞き手の目線が定まらないと、話しているほうは「自分の話に興味がないんだな」という意味のボディランゲージとして受け取るもの。相手を不愉快にさせ、おのずと会話はシラけたものになっていく。

〝無言のあいづち〟のほうが、効果的な場合もある

あいづちは、「なるほど」「ほう」などと、言葉で打つものと思いがちだが、黙って聞くだけでも、立派なあいづちになる。そのとき、〝物を言う〟のは顔の表情。相手の話を面白いと思ったら、目を大きく見開く。それだけでも十分、あいづちになる。

一方、相手が不幸な話をしはじめたときには、「おつらいでしょうね」と言葉でいうよりも、さも気の毒そうな顔で聞くことが、いちばんのあいづちになることがある。

3 いい人間関係は、あいさつからはじまっている

あいさつには、ひと言添えるのがキホン①

「あいさつ」は、良好な人間関係を築くうえで、ひじょうに重要。あいさつで第一印象をよくすれば、その後、相手の好感を得やすくなる。

たとえば、朝あいさつするとき、単に「おはようございます」だけいうと、ぶっきらぼうに聞こえることがある。相手と親密な関係を築くためには、「おはようございます」にひと言添えるといい。晴れている日には、「今日もいいお天気ですね」と添えるだけで、格段に温かいあいさつになる。

あいさつは、「おはようございます」や「こんばんは」を単独で使うのではな

く、あとにひと言添えて、はじめて大人のあいさつになると心得たい。

あいさつには、ひと言添えるのがキホン②

前項で述べたように、あいさつには、一言添えるのが望ましいが、その一言はポジティブな言葉を選びたい。

たとえば、天気関係では、「いい天気ですね」、「風がさわやかですね」などがふさわしい。逆に、「うっとうしいお天気ですね」などとネガティブな言葉を付け加えると、相手の気分まで憂鬱にさせかねない。笑顔とともにポジティブな言葉を付け加えれば、相手からも笑顔が返ってくるはず。

あいさつするときに、相手の名前を添えてみよう

単に「こんにちは」というよりも、「○○さん、こんにちは」と呼びかけたほ

うが、親密な感じのあいさつになる。

前に触れたように、人は、名前を呼ばれると、自分の名を知ってくれている相手に対し、しぜんに親愛の情を覚える。名前を添えるだけで、以前よりも、親しみをもって接してくれるようになるはずだ。

もし「はじめまして」にひと言プラスするなら？

心理学の実験によると、人間は出会ってから90秒間のうちに、好印象・悪印象を判断しているという。だから、初対面の場合、最初のあいさつが人間関係のその後を決めるうえで、ひじょうに重要な要素になる。

初対面のあいさつは「はじめまして」が定番フレーズだが、それに一言つけ加えて、くすぐりたい。これも前述の通り、「はじめまして」のあとに、「お目にかかれて光栄です」、「一度、お会いしたいと思っていました」などと付け加えると、相手をくすぐることができる。

「さようなら」「失礼します」は、冷たい別れのあいさつ

「さようなら」と「失礼します」は、別れのあいさつの定番フレーズではあるが、それだけを単独で使うと、冷淡な印象を与えかねない。

「さようなら」、「失礼します」と言ったあとには、再会を期する言葉を添えるのが、大人の物言い。「さようなら、今度会える日を楽しみにしています」、「今日はこれで失礼いたします。近々、またお会いしたいですね」などと、再会を楽しみにしている言葉を添えると、相手もあなたと過ごした時間をより楽しかったものと感じるはず。

「よくいらっしゃいました」のひと言が相手の心を開く

相手先を訪ねる人は、多かれ少なかれ、緊張しているもの。そんなとき、「よ

うこそ、いらっしゃいました」と、にこやかに出迎えると、相手に好印象を与えることができる。とりわけ、遠くから来てくれた相手には、「遠いところ、ご足労をおかけしました」と、ねぎらいの言葉をかけることを忘れずに。

いちばん効果的な「ありがとう」の伝え方

「ありがとう」を使い惜しむと、印象は確実に悪化していく。書類をとってもらった、エレベーターのボタンを押してもらった程度のことでも、「ありがとう」というかどうかで、相手のこちらに対する好感度は大きくちがってくる。

4 「聞き手」として身につけておきたいふるまいとは？

聞き手にまわって、相手の自尊欲求を満足させる

一般に、聞き上手のほうが、話し上手よりも、人から好かれるもの。それは、誰もが自分の話を聞いてもらいたいという欲求を持っているからで、話を聞いてもらうだけで尊重されていると感じ、相手に好意を抱きやすくなるのだ。

むろん、聞き上手になるにも、話し上手になるのと同様に、テクニックがいる。とくに重要なのは、次項で述べるように、相手の話に合わせて、タイミングよく、「質問」を繰り出すことだ。

自分の聞きたいことではなく、相手の話したいことを質問する

雑談で相手をくすぐるには、自分の興味よりも、話し手の興味を優先して質問することが必要になる。どんな人も、自分のことや自分の知識を伝えたいという欲求をもっている。うまく質問して、相手が話したいことを引き出せば、相手はいよいよのって話し続けるはず。

話のネタは、相手の長所、得意なことから探す

相手を話の主人公に据えるためには、まずは相手が得意としていることを探し、そのことに関して質問すればいい。人間、得意なことについては、豊富な情報を持ち、また人に話したいと思っていることが多いもの。そうした話題さえ見つかれば、あとは相手の話に合わせて、あいづちを打つだけで、相手を話題の主役に

据えることができる。

「その話、知ってる」は禁句です

相手がウンチクを披露しているときに、「その話、知ってるよ」、「聞いたことがあるよ」と応じるのは、会話のマナー違反。相手を鼻白ませることになってしまう。

雑談では、相手が得意気に話しているときには、知っていても知らないフリをするのが、大人の振る舞い。「へぇ、それは知らなかったな！」と初耳のフリをして、相手をくすぐればいい。

共感すれば、相手は気持ちよく話し続ける

話し手に気持ちよく話させるコツのひとつは、「共感」すること。話し手は誰

しも、聞き手が自分の話を面白がっているか、退屈していないかと、気にしているもの。そんなとき、聞き手が自分の話に共感していることが確認できれば、安心して話し続けることができる。

だから、聞き手が、適度にうなずき、あいづちを打ち、相手の話に共感していることを示せば、話し手の言葉はより滑らかになり、会話は弾んでいくはず。

相手に自慢話のきっかけを与えるコツ

大人同士の会話では、いきなり自慢話をはじめる人はいないから、相手に自慢話をさせてくすぐるには、多少の事前調査が必要になる。

たとえば、相手がゴルフ上手とわかれば、「最近、調子はどうですか」と話をふればいいし、相手の子供が難関校に合格したと知っていれば、「お子さん、受験でしたよね」と話題を振ればいい。多くの親は、喜んで話しはじめるだろう。きっかけを上手に与えれば、大の大人も、気持ちよく自慢話をするものである。

つまらない冗談でも、無視は禁物

相手がダジャレやジョークを口にしたときは、面白くなくても、無視してはダメ。面白くなければ、「寒いです！」「シーンとしちゃいました」でもいいので、何らかの反応を示すことだ。

ダジャレや冗談を言った人が、最も恐れているのは、ノーリアクション。スルーされるのは、「つまらない」といわれるよりも、つらいのである。

話題のないときは、ホステス流〝会話術〟でくすぐる

高級クラブのホステスは、初めてのお客には、「適度に整理すべし（テキドニセイリスベシ）」を心がけている。

これは、話題にしやすいテーマの頭文字を並べたもので、「テ」はテレビ、「キ」

は気候、「ド」は道楽（趣味）、「ニ」はニュース、「セ」はセックス、「イ」は田舎（出身地）、「リ」は旅行、「ス」はスポーツ、「ベ」は勉強、「シ」は仕事。これらの話題を持ち出せば、初対面でも会話が弾みやすいというわけ。

話題を探すための「ゴウカクテスト」

同様のワードに、「ゴウカクテスト」がある。「ゴ」はゴルフ、「ウ」はウタ、「カ」は家族、「ク」はクニ（出身地）、「テスト」の「テ」はテンキ、「ス」はスポーツ、「ト」は友だち。男性同士では、こちらのほうが実践的に使いやすいかもしれない。

会話が途切れたときは、まず相手のファッションをほめる

雑談中、会話が途切れることがある。そんなときは、とりあえず相手の服やネ

クタイ、カバンなどをほめてみるといい。たとえば、「いいネクタイですね」とくすぐれば、相手は「娘の贈り物でしてね」と応じてくるかもしれない。すると、「へぇー、娘さんが～。もう大きいのですか」などと、話題を広げていくことができる。

相手の自慢話は、雑談をはずませるいちばんのチャンス

目上や年上と雑談するときには、趣味の話がおすすめ。ほぼ間違いなく、相手の自慢話になるだろうが、ときには自分の世代とは違う趣味の話を聞くのもオツなものと思えば、しばし我慢もできるはず。むしろ、相手が自慢話をしてくれるのは、雑談を弾ませるチャンスといえる。ヨイショ型のあいづちを打つだけで、くすぐれるのだから。

雑談を盛り上げるには、とりあえずポジティブな話

雑談を盛り上げるには、ポジティブな方向に話を選んだほうがいい。

たとえば、音楽の話をするときは、「あのヒット曲、たいした曲じゃないね」というよりも、「いい曲だね」といったほうが、話は盛り上がりやすい。ポジティブに話せば、自然と会話が盛り上がり、くすぐりポイントも探しやすくなるはず。

自分の失敗談で、相手をくすぐる

自分の失敗談は、雑談のネタに使いやすい素材。失敗談を披露すると、自分を低める分、その相対効果で、相手を持ち上げることができるからだ。前述したように、心理学的にも、多少はドジな面を見せておいたほうが、相手の好感を得や

すくなることがわかっている。

たとえば、新幹線で寝てしまい、名古屋で降りるはずが、東京まで行ってしまったなど、ベタな話でもいいから、相手がクスッと笑えるような失敗談を用意しておくといい。

別れ際には、楽しい話をもってくる

「終わりよければ、すべてよし」という〝法則〟は、会話にも当てはまる。途中、退屈だったとしても、別れ際に多少でも盛り上がることができれば、相手はその楽しい印象を記憶して帰っていく。

楽しい話を思いつかなければ、別れのあいさつに「今日は楽しかったです」のひと言を添え、礼儀正しく頭を下げるだけでも、相手の記憶に残る印象はずいぶんちがってくる。

5 〝できる大人〟は感じのいい答え方を知っている

「はい」と答えるだけで、人間関係はよくならない

人から質問されたとき、「はい」、「いいえ」と答えるだけでは、一問一答のようになってしまい、会話をはずませることはできない。また、「はい」、「いいえ」だけを繰り返すと、ぶっきらぼうな印象さえ与えかねない。

「はい」、「いいえ」と答えるだけですむような質問でも、そこにひと言添えるのが大人の口の利き方。たとえば、「ご両親はご健在ですか」と尋ねられたとき、ただ「はい」と答えるのではなく、「はい、父母とも郷里で元気に暮らしております」と自己開示をまじえて答えれば、相手は「それは何よりです。すると、ご

郷里はどちらですか」と続けるなど、しぜんに会話らしい会話を展開することができる。

聞かれたときは、聞き返すのがカシコいやり方

初対面の人からは、出身地を聞かれることが多い。そんなときは、相手の出身地を聞き返すのが、雑談のマナー。この質問を返さないと、相手は「私のことには興味がないの？」とマイナスの印象を抱くことだろう。

質問をしてくる人ほど、「雑談をはずませたい」、「自分のことを聞いてほしい」と思っていることが多いものだ。

6 初対面の会話の〝運び〟が、その後の関係を決める

初対面の人とは無難な話題から〝くすぐりポイント〟を探す

初対面の人と雑談するときは、天候の話からはじめるのが、王道中の王道。「毎日、暑いですね」、「よく降りますね」といった話には、誰もが応じやすい。陳腐ではあるが、大人社会では、最も無難な話題選択といえる。

まずは、天気の話で探りを入れ、相手が「私は北国の出身なので、東京の夏の暑さには参ります」などと自己開示をまじえて応じてくれれば、すかさず「北国のご出身？　どちらですか」などと話を広げながら、くすぐりポイントを探っていけばいい。

初めての人と会うときは、相手に関する情報を集めておく

初対面の人と会う前には、すこし調べておくといい。今は、ネットでカンタンに検索できるうえ、SNSを使っている人も多いので、以前よりも格段に〝身辺調査〟がしやすくなっている。

とりわけ、調べておくと重宝するのは、相手の得意分野。SNSで相手の趣味や得意分野がわかったときには、その方向に話を振るだけで、しぜんと話が広がっていくはず。

ただし、「事前にすこし調べさせていただいたのですが」とは〝告白〟しないように。プライバシーを詮索したように思われかねないので、あくまでしぜんにコトを運ぶように。

7 苦手な人をくすぐること、できますか？

人は、ものを頼んでくる人を好きになる

人には、頼みごとをされると、面倒に思いながらも、うれしくも感じる心理傾向がある。頼りにされることで自尊心が満たされ、その満足感が、相手に対する親しみにつながるからだ。

だから、頼みごとをすることは、人間関係を好転させる手段になる。「この人、少々苦手だな」と思う人がいれば、遠慮なく頼みごとをしたほうがいい。そのほうが、相手から好意をもたれることが多くなるうえ、こちらが抱いている苦手意識も消えていくものだ。

苦手な人には、あえて教えを乞うてみる

人は、知識を披露することに快感を覚えるので、「お知恵を拝借したいのですが」などと、教えを乞うてくる相手には、しぜんに好感を覚えるもの。むろん、教えを乞うのは、相手の得意分野に限ること。相手の苦手な分野について聞くと、嫌味になりかねない。

人は、謝る人をなぜか好きになる

こちらに手落ちがあったときは、まず頭を下げると、相手の受ける印象はずっとよくなる。先に謝ってしまえば、ミスをしてもさほど悪くは思われないものだ。逆に、面子やプライドにこだわり、落ち度を素直に認めないと、おおむね事態はこじれることになる。むろん、嫌われ、評価を下げる原因になりやすい。

8 この〝くすぐり〟が、仕事の人間関係を楽にする

結果を出せない相手は、努力をほめる

今どき、結果の出ない部下を叱責すると、パワハラだといわれかねない。部下のほうから、「ボクは、ほめられて伸びるタイプなので」という時代であり、上司たる者、今や「人はほめて伸ばす」＝「くすぐって操る」時代になったと、肝に銘じたほうがいい。

では、結果を出せない部下は、どこをどうくすぐればいいのか？　最もほめやすいのは、努力の過程である。そもそも、若手のうちは技量が未熟な分、なかなか結果を出せないもの。そこで、部下の努力や仕事ぶりに注目してほめるとよい。

すると、相手は「ちゃんと見てくれているんだ」とうれしく感じ、モチベーションを高めるはず。

教える前には「知っていると思うが」と前置きし、まずはくすぐる

部下をはじめ、人にものを教えるときには、まず「知っていると思うが」（敬語では「ご存じとは思いますが」）と前置きするのが、大人の口の利き方。

こういうと、相手の気持ちを尊重できるだけでなく、〝教育効果〟アップという効果も期待できる。相手に「この人は、自分を低く見ていない」と思わせることがこちらの話を聞く集中力や理解力を引き出すことにつながる。

相手の欠点を指摘するときは、ほめ言葉を最後にする

相手の欠点を指摘するときは、欠点を指摘したうえで、最後をほめ言葉で締め

くくるのが得策。そうすると、人間関係を悪化させるリスクを減らすことができる。

逆に、ほめたあと、最後に欠点を指摘すると、相手の記憶には不快感が残る。人は、最後の印象に縛られやすいので、最後に不快に思うと、ほめられたという記憶が薄まってしまうのだ。

自分の意見を伝えるときは、質問の形をとる

部下に対しても、自分の考えを押しつけるような口の利き方をすると、嫌われる原因になる。

指導・教育するときでも、「私はこうしている。キミもそうすべき」と押しつけるのではなく、「私はこうしているが、きみはどう思う?」という言い方をすれば、自分の意見を押しつけることなく、マイルドに教育できる。

9 頼み事をOKさせるには、くすぐって外堀を埋める

「○○さんだから」のうまい使い方

人にものを頼み、気持ちよく承諾してもらうためには、「あなただからこそ、頼む」という姿勢が大事。「○○さんだから、お願いするのですが」、「○○さんを見込んで」と、ひと言を添えれば、引き受けてもらえる確率が高まるはず。

人にものを頼むときは、謙譲表現の〝前置き〟がカギ

人にものを頼むときは、まず「恐れ入りますが」、「無理をいってすみません

が」、「忙しいところ、恐縮ですが」などと、前置きするのが、大人の口の利き方。たとえば、店員にものを頼む場合でも、こう丁寧に前置きすれば、よりよいサービスを受けられるはず。

頼みごとに「○○してくれませんか」はタブー

人にものを頼むとき、「○○してくれませんか」というフレーズはNG。「してくれませんか」では、敬語にはなっていないので、ぞんざいに聞こえることもあるからだ。人にものを頼むときの正しい敬語表現は、「○○していただけませんか」か、「○○していただけないでしょうか」。「いただく」という謙譲表現を使って、相手の自尊心をくすぐるのが、頼みごとのコツ。

10 断るときだからこそ、くすぐることを忘れない

断るときは、第一声で謝る

人の依頼をにべもなく断ると、逆恨みされることもある。そこで、頼みごとを断るときは、まず「すみません」、「ごめんなさい」と頭を下げておいたほうがいい。

依頼を断るということは、少なくとも相手の期待を裏切ることにはなる。まずは頭を下げ、相手の自尊心を傷つけないように気を配ることが必要だ。そうすれば、反発心や憎しみを抱かれるリスクはおさえることができるはず。

断るときは、自分に非があることを強調する

頼まれごとを断るときは、理由のひとつも口にしないことには、相手を納得させることは難しい。そのとき、いちばんいいのは、自分の能力のなさを理由にすることだ。

「すみません。自分には荷が重いようです」、「とても、その任には堪えられません」と、自分の非力さゆえ引き受けられないという言い方をすれば、その後の人間関係にひびがはいることはないだろう。

否定形は、なるべく肯定形に言い換える

人から頼まれたり、質問されたりしたとき、「できません」、「いりません」、「ありません」、「いません」といった否定形で応じると、言葉がきつくなり、相

手を不愉快にさせることになりかねない。

だから、否定形は、肯定形に言い換える習慣をつけたほうがいい。たとえば、「できません」は、「時間をいただければ、できるかもしれませんが、すぐには難しいでしょうね」などと、否定形を避けながら答えたほうが、相手に「にべもなく断られた」という印象を与えることはない。

少し間をおいてから断る

人からの誘いを断るときには、すこし時間をおいてから断るのも、実践的な大人の知恵。

たとえば、人から誘われたときは、とりあえず「日程を調整してみます」などといっておき、答えを先延ばしする。そして、数日後「調整してみたのですが、やはり無理なようで～」と断れば、相手には、少なくとも誘いを受ける努力をしてくれたという印象を残すことができる。

11 言いにくいことを言うときは、くすぐることを忘れない

目上の人への反論は「YES・BUT法」で

上司など、目上に反論するときには、「YES・BUT法」を使いたい。反論する前に、「おっしゃることは、よくわかります」、「それも、いい考え方だと思います」と肯定的な前置きをし、それから、「しかし」（BUT）とつないで、反論する話法だ。

人は、自分の意見がいったん受け入れられたと思うと、そのあと反論されたとしても、感情的に反発しにくくなることは、心理実験でも証明されている。「YES・BUT法」をうまく使えば、相手のプライドを傷つけることなく、説得で

きる確率がアップする。

人の間違いは「疑問形」で指摘する

人のミスをはっきり指摘すると、相手を傷つけかねない。人の誤りに気づいたときは、「(それで) よろしいのですか?」というように、疑問形で尋ねたほうがいい。疑問形で問いかければ、相手を追い込まずに、再考する時間を与えることができる。また、一応は、質問の形式をとっているため、相手は自尊心を傷つけられることなく、素直にミスを認めやすくなる。

要求は、疑問形にすると、受け入れられやすくなる

会社で、上司に対して「私用をすませてきます」というのはNG。「私用をすませてきてよろしいでしょうか」と、疑問形を使って許可を求める形にしたほう

が、上司の気分を損ねることなく、許可を得やすくなる。

これは、取引先に対しても同様で、たとえば「1時頃、お伺いします」というよりも、「1時頃、お伺いしてもよろしいでしょうか」と尋ねたほうが、押しつけがましさがなく、好感をもたれやすくなる。

命令するときは、質問形に変換する

人は、束縛を嫌う生き物であり、命令形の言葉には反射的に反発を覚える。そこで、人に命令したいときは、命令形ではなく、「どうしたらいいか」と相手に尋ねる疑問形で話したほうがいい。

心理学の実験でも、単に命令するよりも、相手に考える余地を与えたほうが、部下や子供のモチベーションを高めることがわかっている。たとえば、「今回の営業案件、○○さんに当たってみろ」ではなく、「○○さんに当たってみては、どうだろうか？」と質問の形をとればモチベーションが下がることもない

12 ボディランゲージでくすぐる

75～120センチが、雑談を盛り上げる最適距離

文化人類学者のホールは、人には、他者との間に、4つの距離感覚があると分類した。講演会などに適した「公衆距離」、会議や商談などに適した「社会距離」、私的な関係に適した「個体距離」、親しい男女関係などに適した「密接距離」の4つである。

このうち、雑談に適しているのは、「個体距離」（75～120センチ）。人は、さほど親密ではない人に、それよりも近い空間に入り込まれると、嫌悪感を覚える。また、それ以上の距離をとると、親密な感じが薄れ、かしこまった雰囲気に

なってしまうのだ。

というわけで、雑談するときはには、75センチよりも内側に入らない、120センチ以上離れないようにすると、話が盛り上がりやすいというわけ。

身を乗り出すだけで、話し手をくすぐれる

相手が話しているときは、少しだけ身を乗り出すのが、話し手をくすぐるコツ。そうして、「話を聞きたい」というシグナルを送ると、話し手を気持ちよく話させることができる。

また、疑問に思う点があるときには、首をかしげるなど、話の内容によって、表情や動作を変えると、話し手に「聞いてくれている」と感じさせ、より楽しく話させることができる。

「ミラーリング」で、雑談を盛り上げる

「ミラーリング」は、相手の動作を真似ることによって好印象を与える方法。相手が足を組んだら自分も足を組み、相手が飲み物を飲んだら自分も飲む、というように、相手の動作を真似ていく。すると、相手に無意識のうちに好感を抱かせることが、心理実験でも証明されている。

動作のほか、話すスピードや表情、呼吸も合わせていくと、ミラーリングのくすぐり効果はさらに高まっていく。

話をはずませる席の選び方とは?

雑談を盛り上げるためには、相手と向かい合って座るのは避けたほうがいい。向かい合って座ると、互いに緊張しやすくなるからだ。

おすすめは、四角いテーブルなら90度の角度に座り、長テーブルなら席をひとつずらして斜め正面に座る方法。そうして、目線が少しずれるだけで、緊張感がやわらぐはずだ。

とくに、相手が異性の場合は、飲食店ならカウンターに並んで座るなど、横並びに座ったほうが、話が盛り上がることが多いもの。

身長差があるときは、座って会話する

自分のほうが背が高く、相手と身長差があるとき、立ったまま話すと、相手を見下ろしながら話すことになる。すると、こちらが丁寧な言葉を選んでいても、相手は威圧感を受けやすい。とりわけ、女性は威圧感を感じやすくなる。

だからといって、身をかがめるのは、話しづらいし、不格好。目線の高さが合わないくらい身長差があるときは、イスに座って話したほうがいい。

13 効果的な〝くすぐり〟はその「声」が違う

楽しい話へのあいづちは、高めの声で打つ

あいづちは、相手の話の内容に合わせて声の高低を変えると、より効果的になる。

たとえば、相手が楽しい話をしているときには、やや高めの声であいづちを打つといい。楽しい話をするときは、相手の声も高めになっていることが多いので、こちらもそのトーンに合わせるのだ。すると、前出のミラーリング効果によって、話し手はこちらに好感を抱き、ますます楽しそうに話し続けるはず。

自信のある話は、小さな声で話したほうが効果的

誰しも、自分が得意な分野について話すときは、つい声が大きくなりがち。ところが、大声で自信満々に話すと、かえって聞き手の聞こうとする意欲を削いでしまうことがある。話し手の押し付けがましさに辟易するのだ。

むしろ、相手の心をつかむには、おさえた声でゆっくり話したほうがいい。とりわけ、自分の得意分野は、声高に話さないほうが、相手の関心を引き出すことができる。

抗議するときこそ、口調を穏やかにする

抗議するとき、相手を責めるようないい方をすると、相手もカッとなって、話がこじれかねない。相手にとってきついことをいうときほど、穏やかにいったほ

うが、受け入れられやすくなる。穏やかに話せば、感情をおさえられ、より論理的に話せるというメリットもある。

相手の共感を得るには、語尾をはっきり話す

日本語は文法上、述語が最後にくるので、そこまでイエスかノーかがはっきりしない。ところが、低い声でボソボソ話していると、語尾に近づくほど、発声が弱くなりがちで、相手はイエスかノーかが、よくわからくなってしまう。

むろん、それでは、共感の得られようもない。相手の共感を得るには、明るい声で語尾までしっかり話すことが必要だ。

7章　大人っぽい言い方でくすぐる〈基本編〉

1 大人っぽい表現で相手を持ち上げる

7章からは、より大人度の高い〝くすぐり言葉〟を紹介していきます。慣用句や四字熟語には、多彩な〝くすぐり言葉〟が含まれています。それらの語彙をあなたのデータベースに加えて、上品かつ格調高く、人を持ち上げていただければと思います。

◉ワンランク上の言葉を使いこなす

□十年に一人の逸材

優秀な若者を持ち上げる常套句。「十年一昔」という言葉もあるくらいで、「十年」はひとつの時代というほどの意味。「十年に一人の逸材だと、もっぱらの評判ですよ」などと使う。

□歴戦の勇士

数多くの戦いを勇ましく戦い抜いてきた者を指す言葉で、ベテラン、経験豊富な人を持ち上げるときに使うことができる。「やはり、○○部長のような歴戦の勇士は、おっしゃることが違いますね。勉強になります」のように。

□業界の語り種《ぐさ》

業界で、長く話題となるような事柄。相手の過去の業績を話題にしたいときは、「○○さんの奮闘ぶりは、業界の語り種だそうですね」と持ち上げれば、しぜんに相手の武勇伝、自慢話を引き出すことができる。

□隠れた実力者

組織には、表向きのポストはさほど高くはなくても、隠然たる力をもつ人がいるもの。これは、そうした人を指す言葉。現実的には、勤続年数の長い人を持ち上げるために使われることが多い。

□知る人ぞ知る

これも、前項と似ていて、表向きの役職では目立たないが、じつは実力がある人に対して使う言葉。「知る人ぞ知る実力者」など。ただし、本当に実力があればよく知られているはずなので、実際には、役職のわりには力がある程度の人に対して使われることが多い。

□神様のような存在

「神様」は、比喩的にある分野の権威、

名人、達人を表す。たとえば、企業会計に精通しているベテランは「経理の神様」と持ち上げることができる。

□切り込み隊長のような存在

「切り込み隊長」は、戦闘で先頭に立ち、敵陣に切り込む人のこと。そこから、比喩的に、さまざまな場面で先頭に立つ人を表す言葉。「社長自ら、切り込み隊長となる」のように。

□研究熱心

相手の勉強ぶりをほめる言葉。「研究熱心ですね」、「よく研究されていますね」など。なお、「よく勉強していますね」というと、やや上から目線の言い方になるので注意。

□○年後が楽しみ

素質ある若者を持ち上げる言葉。優秀な若手社員に対して「十年後が楽しみですね」などと使う。中年以上の人に対しても、役員・社長に昇格しているだろうという文脈なら、「5年後が楽しみですね。きっと役員会に出席していることでしょう」などと使える。

□将来を嘱望されている

これも、若手をくすぐる言葉。若い部下を叱るときには、「将来を嘱望されている君らしくないね」とフォローしておけばいい。「将来有望」も同様に使える言葉で、「将来有望だと思いますよ」など。

◉そんな〝くすぐり語〟があったのか

□お世辞を抜きにして

「抜きにして」といいながら、お世辞をいうときの前置き。「お世辞を抜きにしていいますけど、本当に日本一だと思いますよ」のように、相手を大げさに持ち上げるときに使うことが多い。

□長く伝えられる話

相手の過去の成功談や武勇伝などを持ち上げる言葉。「○○さんのご活躍ぶりは、業界に長く伝えられる話だと思いますよ」など。

□願ったりかなったり

提案を喜んで受け入れる言葉。「渡りに船とはこのこと、願ったりかなったりのお話です」など。「願ってもない」も同様に使うことができ、「願ってもないお話です」など。

□ほれぼれするくらい

心を奪われ、うっとりするという意味。相手の技術や能力をくすぐるときに使える。「ほれぼれするくらい、見事な手際ですね」、「ほれぼれするようなな歌いっぷりですね」など。

□先見の明がある

先を見通す力があること。相手の予想が当たったら「さすが、先見の明がありますねえ」とくすぐればいい。

□文句のつけようのない

頼んでおいた仕事の出来がいいときには、単に「いい出来ですね」というよりも、「文句のつけようのない出来ですね」とほめあげれば、相手をより満足させられる。「申し分のない」も同様に使え、「申し分のない仕上がりですね」など。

□○○さん一流の

「一流」は最高レベルという意味だが、「○○さん一流の」というと、その人独特の流儀という意味になる。意味は変わるものの、「一流」という言葉を使う分、ほめ言葉としてのニュアンスは残っているので、「部長一流の言い方」など、目上に対して使うこともできる。

◉〝人〟を表すハイレベル表現

□われらが誇り

同じ集まりに属する人をほめるときの決まり文句。「わが社の誇り」、「わが校の誇り」、「(わが)郷土の誇り」、「日本の誇り」など。

□○○の器《うつわ》

この「器」は、器量や人物の大きさという意味。その分、ほめ言葉として使うには、○○に相当上位の〝ポスト〟を用意しなければならない。たとえば、会社なら「社長の器」や「役員の器」がふさわしく、「部長の器」になると、ほめ言葉には聞こえない。「課長の器」になると、「しょせん課長程度の器」というニュアンスが生じ、悪口にも聞こえてしまう。

□第一の功労者

成果を得るため、最も努力し、活躍

した人物のこと。「第一の功労者は、何といっても○○さんですよ」、「交渉締結に至った第一の功労者は～」などと使う。

□ばりばりの

「ばりばり」は、「ばりばりと仕事をこなす」などと使われるオノマトペ。そこから、「ばりばりの営業マン」など、精力的に仕事をこなす人に対して使われる。

□知恵袋

人をくすぐるには、能力や性格をポジティブに表現する言葉を多数頭に入れておくことが必要。「知恵袋」は、組織内で知恵者として一目置かれている人に対して使う言葉。参謀タイプの人に「社長の知恵袋ですねえ」などと使うといい。

□懐刀《ふところがたな》

「懐刀」の本来の意味は、懐に入れて持ち歩く護身用の小刀のこと。そこから、腹心の部下を意味するようになった。「さすがは社長の懐刀、切れ味抜群ですね」など。

□**手練**《てだれ》
熟練してすぐれていることで、老練な人物に対して使う言葉。「手練ならではの仕事ぶりですねえ」など。

□**凄腕**
すぐれた腕前をもつ人のこと。「聞きしにまさる凄腕ですねえ」、「凄腕の営業マンとは伺っていましたが、ここまでとは」など。

□**第一人者**
ある分野で、最も優れている人物。「世界的な第一人者のお話を伺えて幸せです」のように使う。

□**筋金入り**
能力や精神が十分に鍛えられている様子で、「筋金入りの営業マン」などと使う。「鍛えのはいった」も同様に使える言葉で、「鍛えのはいった営業マン」など。

□**大黒柱**
もとは、建物全体を支える柱のこと。昔の家では、台所に七福神の大黒様を祀り、台所と座敷の間には太い柱があったので、それを「大黒柱」と呼ぶようになったという。そこから、家や組織を支える人を意味する。「一家の大黒柱」、「営業部の大黒柱」など。

□はまり役

相手がその仕事に向いていることを表す言葉。「はまり役だと思いますよ」などと、相手の能力、適性を評価するときに使う言葉。

□屋台骨

もとは「屋台を支える骨組み」のことで、そこから、組織や団体を支える中心人物を意味する。たとえば、人物の経歴紹介で、「○○さんは営業部門の屋台骨として、長く活躍され〜」などと使われる。

□時代の寵児

時の人、世にもてはやされている人のこと。ほか、若手の売れっ子をくすぐる言葉には、新進、新鋭、花形、若手のホープなどがある。

□お歴歴

もとは、身分や家柄の高い人々のことで、転じて今では、えらい人全般を指す。「創業記念パーテイに、お歴歴が勢ぞろいする」、「私ごときが、お歴歴にまじってよろしいのでしょうか」、など。

□畏友《いゆう》

尊敬できる友人のこと。「畏友、○○君」などと、友人に対する敬称として使う。「私の今日があるのは、畏友、○○君のおかげです」など。

□熱血漢《ねっけつかん》

情熱をもって、物事にあたる男性。「バイタリティあふれる熱血漢」など。なお、漢は「おとこ」という意味なので、この語を含めて、「漢」がつく人物を表す熟語（好漢、悪漢、門外漢、痴漢など）は女性に対しては使えない。

2 四字熟語を会話で使いこなそう

◉人柄をくすぐるための四字熟語

□豪放磊落《ごうほうらいらく》

気持ちが大らかで、神経が太く、ささいなことにはこだわらない様子。大人社会では、「本当に豪放磊落な方で」などと、目上や上司に対して使うことが多い。同じような性格でも、若手に対しては次の「明朗闊達」のほうがよく似合う。

□明朗闊達《めいろうかったつ》

明るくさっぱりした性格。「明朗」は明るく朗らか、「闊達」は、小さな物事にこだわることのない心の広さを意味する。前項で述べたように、「明朗闊達な青年」など、若者に対して使うとぴったりくる四字熟語。

□泰然自若《たいぜんじじゃく》

ゆったりと落ち着きはらった態度で、物事に動じないこと。いつも、落ちついた雰囲気の目上に対して使うと似合う言葉。「いつも泰然自若とされているので、安心できます」など。若手に対しては、「泰然自若としている場合かね」と、急《せ》かすときに使うこともある。

□不撓不屈《ふとうふくつ》

失敗してもくじけず、挑戦し続ける精神をもつ様子。「不撓」は「たわまない」という意味で、なかなかあきらめない人をくすぐる言葉。「粘り強い人」を格調高く言い換えると、「不撓不屈の精神の持ち主」となる。

□天衣無縫《てんいむほう》

飾り気がなく、無邪気なさま。悪く表現すれば「傍若無人な振る舞い」も、「天衣無縫な振る舞い」と言い換えることができる。もとは、天女の衣に縫い目がないことから、詩文などでわざとらしさがなく、しかも美しいことを指した言葉。

□気宇壮大《きうそうだい》

度量や構想がきわめて大きく、立派であるさま。「気宇」は気構え、「壮大」はきわめて大きいことを意味する。「気宇壮大な事業計画ですね」など。ただし、「気宇壮大ではありますが」と、暗に実現性に乏しいという意味にも使われる。

□正正堂堂《せいせいどうどう》

「正正の旗、堂堂の陣」の略で、卑怯な手段は取らずに事に臨む、正しく立派な態度のこと。正面切って事に当たる人を持ち上げるときに使える。「けれん味のない正正堂堂たる態度、いつも感心しています」など。

□清廉潔白《せいれんけっぱく》

心が清く澄んでいて、私利私欲に心を動かされないこと。やましい行いがどこにもないこと。「廉」には、いさぎよいという意味がある。「清廉潔白なお人柄」など。

□純情《じゅんじょう》可憐《かれん》

心が清らかで、自然のままの愛らしさを形容する言葉。おもに、若い女性の形容に使う。「純情可憐な少女」など。

□春風駘蕩《しゅんぷうたいとう》

もとは、春の風がのどかに吹くさまを表す言葉で、そこから態度や性格がのんびりした温和な人柄の形容に使う四字熟語。「春風駘蕩としたお人柄」がよくある使い方。

□**余裕綽綽**《よゆうしゃくしゃく》

落ち着いた態度で、ゆったりしている様子を表す。「綽やか」で「ゆるやか」と訓読みする。「余裕綽綽たる態度」がよくある使い方。

□**真実一路**《しんじついちろ》

うそ偽りなく、ひたすらに真実を求めて生きていくこと。「真実」はまこと、「一路」はひとすじの道。「○○氏は生涯、真実一路を貫かれました」のように使う。

□**堅忍不抜**《けんにんふばつ》

どんな困難や誘惑に出会っても、心を動かさず、我慢すること。「堅忍不抜の精神をもって事にあたる」など。

□**志操堅固**《しそうけんご》

どんなことがあっても自分の志を固く守りぬくこと。「志操」は志、「堅固」は固いこと。「この道五十年、志操堅固な政治家人生」のように使う。

□悠悠自適《ゆうゆうじてき》

もとは、心のおもむくまま、ゆったりとした気持ちで暮らすことで、「老後」の形容とは限らないのだが、いま高齢化社会の日本では、もっぱら老後、金銭の心配なく、ゆったりと暮らしている人に対して使う言葉。「悠悠自適の生活、うらやましい限りです」など。

◉努力ぶりをくすぐる四字熟語

□粉骨砕身《ふんこつさいしん》

骨を粉にし、身を砕くように、力の限りを尽くして努力すること。「粉骨砕身、努力いたします」、「わが社の発展のため、粉骨砕身、頑張ります」など、就任挨拶などで決意表明するときによく使われる四字熟語。

□粒粒辛苦《りゅうりゅうしんく》

こつこつと地道に努力すること。「粒粒皆辛苦」の略で、もとは米の一粒一粒は農民の努力や苦労の賜物であるという意味。「○○氏は粒粒辛苦を重ねられ、今日の地位を築かれました」など。

□一意専心《いちいせんしん》

わき目もふらず、その事にのみ、集中する様子を表す。「○○さんは研究に一意専心、多大な成果をあげられました」などと使う。

□切磋琢磨《せっさたくま》

友人や同僚同士が競い合い、励まし合いながら、鍛錬し合うこと。もとは、玉や石を磨くことを意味する言葉で、「切」は切る、「磋」は荒く磨く、「琢」は形を整える、「磨」は磨くことを意味する。「互いに切磋琢磨し、腕を高め合う」など。

□一念発起《いちねんほっき》

何かのきっかけで、物事を成し遂げようと決心すること。もとは仏教用語で、深い思いから仏門に入ることを意味した。「一念発起して、勉強を始めたようですよ」など。

□独立独歩《どくりつどっぽ》

人の力を借りることなく、自分の信じた道を進むこと。「○○氏は、独立独歩の精神で起業、大きな成功をおさめられ〜」のように、「独立独歩の精神」がよくある使い方。

□全身全霊《ぜんしんぜんれい》

「全身」は体力のすべて、「全霊」は精神力のすべてで、身も心もすべて、という意味。一つの物事にまじめに取り組んできたことを持ち上げるときに使うことが多い。「全身全霊を傾けて、研究開発に取り組まれ～」というように。

◉活躍ぶりをくすぐる四字熟語

□八面六臂《はちめんろっぴ》

一人で多方面にわたって、何人分もの大活躍をすること。「臂」は腕のことで、もとは顔が三つ、手が六本あった仏像に由来し、「三面六臂」ともいう。三面が八面に変化したのは、語呂がよかったからだろう。「八面六臂のご活躍ぶり、風の便りに伺っています」など。

□獅子奮迅《ししふんじん》

獅子が奮い立って猛進するように、激しい勢いのあること。相手が成功した話や武勇伝を耳にしたときは、「獅子奮迅のご活躍ぶりだったと聞いています」などと、くすぐればいい。

□縦横無尽《じゅうおうむじん》

縦と横に限りない（無尽）という意味から、思うがままに振舞うこと。相手の活躍ぶりを目にしたときは、「縦横無尽の働きぶり、敬服しております」などと、くすぐればいい。なお、メールなどに書くときは、「無尽」を「無人」と間違えないように注意。

□電光石火《でんこうせっか》

行動がひじょうに速いさま。「電光」は稲妻。「石火」は火打ち石を打ったときに出る火のことで、いずれも短い時間を表す。「早業《はやわざ》」や「手際」とセットで使うことが多く、「電光石火の手際でシェアを拡大されましたね」、「電光石火の早業でしたね」など。

□一世風靡《いっせいふうび》

世の中の多くの人々を引きつけ、流行の的《まと》になること。「靡く」で「なびく」と訓読みし、風が草木をなびかせるように、人々を従わせ、引きつけることをいう。「一世を風靡した作風」など、「一世を風靡する」という形で使うことが多い。

□一瀉千里《いっしゃせんり》

物事がひじょうに速く進むことのたとえ。「瀉」は水が流れることで、流れ出した川の水が、たちまち千里の距離を流れ下ることから。「○○さんが突破口を開かれたあとは、一瀉千里でしたね」のように使う。

◉働きぶりをくすぐる四字熟語

□率先垂範《そっせんすいはん》

自ら先頭に立って行動し、手本を示すこと。「垂範」は模範を示すこと。「何事も率先垂範して、事にあたる」など。

□神出鬼没《しんしゅつきぼつ》

不意に現れたかと思うと、またすぐに居場所がわからなくなること。もとは、臨機応変に動く兵法の達人を指した言葉。「神出鬼没の働きぶり」など。

□精励恪勤《せいれいかっきん》

熱心かつ勤勉に、仕事に励むこと。「精励」は力を尽くして仕事に励むこと、「恪勤」は忠実に職務をまっとうすることを意味する。「○○さんは日々精励恪勤、多大な貢献をされました」などと使う。

□**臨機応変**《りんきおうへん》

状況の変化に応じて、適切な処置をとること。「臨機応変の処置をとる」など。なお、「その辺は、臨機応変に判断するということで」は、大人社会では、将来の環境変化について議論を先送りするためによく使われている言葉。

□**即断即決**《そくだんそっけつ》

その場で、すぐに物事を決めること。

「何事も即断即決、決断力の塊みたいな人ですよ」など。反対の意味の四字熟語は「優柔不断」。

□**君子豹変**《くんしひょうへん》

本来は、「君子は、自分の過ちに気づくと、すぐ改める」という、いい意味の言葉。今は、自分の利になるよう、態度をひるがえすという、悪い意味に使う人もいる。「豹」の毛が秋になると模様が美しく生えかわることから。「君子豹変するとは、このことですね」など。

□疾風迅雷《しっぷうじんらい》

「疾風」は速度の速い風、「迅雷」は激しい雷で、すばやく、激しいこと。「疾風迅雷の勢いで、敵陣に攻め込む」のように使う。

◉相手の能力をくすぐる四字熟語

□千軍万馬《せんぐんばんば》

戦闘の経験がひじょうに豊富であること。「彼にまかせておけば、大丈夫でしょう。千軍万馬のベテランですから」など。

□百戦錬磨《ひゃくせんれんま》

多くの経験を積み、腕を鍛えていること。「彼は、こういう交渉事に関しては、百戦錬磨の腕前ですから」などと使う。

□一騎当千《いっきとうせん》

一人で千人の敵を相手に戦えるほど、強い力をもった人のこと。「一騎」は馬に乗った一人の武者を意味する。「一騎当千の強者」が定番の使い方。

□博覧強記《はくらんきょうき》

広く書物を読み（博覧）、よく記憶し

ている（強記）こと。「聞きしにまさる博覧強記ぶりですね」、「博覧強記で名高い人物」など。

□**当《とう》意《い》即《そく》妙《みょう》**

その場に応じて、うまく機転をきかせること。仏教語の「当位即妙」に由来する言葉。「当意即妙に応対する」、「当意即妙なやりとり」など。

□**才《さい》色《しょく》兼《けん》備《び》**

才能と美貌を兼ね備えているさま。双方に恵まれた女性の形容に使う言葉で、「まさしく才色兼備の名にふさわしい」は、結婚式で仲人らが新婦を紹介するときの常套句。

□**眉《び》目《もく》秀《しゅう》麗《れい》**

顔かたちが優れていて、整っているさま。「眉目」は顔立ち。「秀麗」は優れて美しいこと。「眉目秀麗の好青年」のように、男性の容貌について用いる四字熟語。

□**多《た》士《し》済《せい》々《せい》**

「多士」は多くの優秀な人材、「済済」は数が多く、盛んな様子。そこから、優れた人がたくさんいること。「たしさいさい」とも読む。

□鎧袖一触《がいしゅういっしょく》

鎧の袖を一振りするだけで、敵を打ち負かすという意味で、簡単に敵を打ち倒すほど、強いという意。「鎧袖一触の勢いで勝ち進む」など。

□大器晩成《たいきばんせい》

大きな器を完成させるには時間がかかるように、偉大な人物は実力を発揮するまでに時間がかかるという意味。

□前途洋洋《ぜんとようよう》

将来が広々と限りなく開けている様子。「前途」は将来、「洋洋」は水が満ちているさま。そこから、「前途洋洋の若者たち」のように使う。

8章　大人っぽい言い方でくすぐる〈応用編〉

1 お決まり表現だからこそ大事に使う

◉相手の「意見」をくすぐる大人っぽい言い方

□資するところ大

大いに役に立つという意味で、相手の意見や指摘、アドバイスが有効だったと持ち上げるときに使う言葉。「ご指摘、まことに資するところ大でした」が定番の使い方。

□一も二もなく

異論をはさむ余地もないほど、明白なさま。「一も二もなく賛成する」がよくある使い方で、「まことによく練られたプランで、一も二もなく賛成いたしました」など。

□傾聴に値する

聞く価値がある、参考になること。「傾聴に値するお話を伺いました」など。なお、この言葉は「賛成」という意味は含まないので、こう評価しても言質を与えることにはならない。さらに、「傾聴に値する意見とは思いますが～」と、反論の前置きに使うこともできる。

◉相手の「話しぶり」をくすぐる大人っぽい言い方

□言い得て妙

まことにうまく言ったものだという意味。相手が巧みな比喩を使ったときなど、言葉をうまく操ったときは、「言い得て妙だと思いますよ」と持ち上げるといい。

□懸河《けんが》の弁
ひじょうに雄弁であること。「懸河」は傾斜が急な、流れの速い川のことで、川が流れるように、よどみなく話すさまを表す。「まさしく懸河の弁、聞きほれました」のように使う。

□弁舌さわやか
論理的に明快に、よどみなく話すさま。話の中身も話し方も鮮やかという意味。「弁舌さわやかな若手政治家」など。

□舌鋒鋭く
激しく論じる様子。相手をするどくやりこめる人をポジティブに表現する言葉といえる。「理不尽なクレームに対する舌鋒鋭い反論ぶり、お見事でした」のように使う。

◉相手の「勢い」をくすぐる大人っぽい言い方

□向かうところ敵なし

こちらがあまりに強いので、進んでいくところ、歯向かう者がいないという意味。今、いちばん勢いのある人を持ち上げるときに使えばいい。「○○さんの向かうところ、敵なしの状態ですね」のように。

□破竹の勢い

猛烈な勢い。竹は、最初の一節を割ると、後は次々と勢いよく割れていくことから生まれた言葉。「近年の御社の発展ぶり、まさしく破竹の勢いですね」など。

□今をときめく

盛んにもてはやされているさま。今、ノっている人に招待されたときには、「今をときめく○○さんにお招きいただくとは光栄です」と応じればいい。

□天馬空《てんばくう》を行く

「天馬」は、天帝が乗るとされる馬のことで、その天馬が空中を飛ぶように、考え方や行動が、何物にも妨げられないこと。自由奔放に行動する人に対して使う言葉で、「天馬空を行くような想像力あふれる仕事ぶり」など。

◉相手の「能力」をくすぐる大人っぽい言い方

□一頭地を抜く

多くの中で、一段と傑出している様子のこと。「彼の業績は、同期の中でも、一頭地を抜いています」、「○○さんは長年、一頭地を抜く成績をおさめられています」など。

□**一二を争う**

一番か二番を争い、三番に下ることはないという意味。同じグループのトップを走る人を持ち上げるときに使うといい。「学年で一二を争う秀才」のように。

□**大車輪の働き**

一生懸命、精を出して働くこと。「今回の成功は、彼の大車輪の働きによるものです」などと用いる。

□**辣腕《らつわん》を振るう**

仕事などを迅速に的確に処理すること。「例の一件は、彼が辣腕を振るって解決しました」など。

□**双肩に担う**

「双肩」は両肩のことで、責任や任務を担うこと。大きな責任を担っている人に関して、「当社の将来を双肩に担う存在です」のように使う。

□昔とった杵柄《きねづか》

ブランクがあっても、衰えない腕前のこと。年配者がかつてつちかった技術を発揮したときに持ち上げる言葉。「さすが、昔とった杵柄。見事なものですねえ」のように。

□玄人《くろうと》はだし

素人なのに、玄人をしのぐほどの技術や芸を身につけていること。玄人がはだしで逃げ出すほどの力量ということから。「玄人はだしの腕前ですね」が定番の使い方。

□役者が一枚上

技量、器量などが一段、すぐれていることのたとえ。もとは、歌舞伎役者の看板が上位の者から順に掲げられたことから。「さすが、役者が一枚上ですよ」など。

□三拍子そろう

三つのよい条件がそろっている状態。「心技体の三拍子そろった大横綱」など。反対に「飲む、打つ、買うの三拍子揃う」などと、悪い意味で用いることもある。

□情理を尽くす

相手の感情（情）に配慮しながら、事の筋道（理）を説くさま。「情理を尽くした説得」がよくある使い方で、酸いも甘いも噛み分けたベテランが若手社員を説得するときなどに使うと、しっくりくる。

□いずれ劣らぬ

甲乙つけられないさまのことで、二つのものを同時にほめることができる。なお、「いずれ劣らぬ好青年」のように、両者ともにすぐれている場合に使う言葉であり、「いずれ劣らぬ怠け者」など、悪い意味に使うと誤用になる。

□一家を成す

芸術や学問などの大家になること。肩書が立派なだけではなく、一つの流派やスタイルを完成させたという意味合いを含むので、本当の大家に対してしか使えない言葉。

□堂に入る

技術など、ある物事がすっかり身についていること。ある程度の期間、修行を積んだ人に似合う言葉で、「修行を始めて5年、包丁さばきも堂に入ってきましたね」などと使う。

□地歩《ちほ》を占める

立場を安定させることで、その業界で独自の立ち位置を獲得した人に対して使う言葉。「新進のデザイナーとして、広告業界で一定の地歩を占める」など。「地歩を固める」も同様に使え、こちらは立場を固めること。

□馬力がある

体力、パワー、行動力などがある人に対して使う言葉。「馬力がある営業マン」など。かつて「ばぢから」と読んだラジオ・パーソナリティーがいるので、読み方に注意。

□的《まと》を射る

要点をしっかりとらえること。会議中、的確な発言をした人に対して、「的を射た発言だったと思いますよ」のように使う。的を「得る」と間違えないように。

◉相手の「器」をくすぐる大人っぽい言い方

□器が大きい

器量のある人への賛辞。「スケールが大きい」「度量が大きい」も同様に使える。

□一身すべてこれ胆《たん》

全身がすべて肝っ玉のように、胆力、勇気があるさま。「一身すべてこれ胆という言葉にふさわしい人物」のように使う。

◉相手の「眼力」をくすぐる大人っぽい言い方

□目が高い

よいものを見分ける能力があること。実際には、商品を選んだ客を持ち上げる言葉として使われている。なお、敬語化すると「お目が高い」で、「目がお高い」は×。「目がある」、「目が利く」、「目がいい」も同様の意味に使える言葉。

□眼光紙背に徹す

読解力、洞察力がすぐれていることのたとえ。「眼の光が書の裏側まで見通す」という意味。大人社会では、洞察力にすぐれた発言をした人に対して、「眼光紙背に徹すとは、このことですね」というように使う。

□慧眼《けいがん》の士

「慧眼」は、物事の本質を見破る鋭い眼力のことで、「慧眼の士」は、そのような洞察力をもつ人物のこと。「まさしく、慧眼の士、何もかもお見通しですねえ」など。

[2] 〝くすぐり〟に使えるひとつ上の語彙力

◉「人柄」をくすぐるときのひとつ上の言い方

□ぶれない

もとは、揺れ動かないことだが、近頃は、信念があって、節《せつ》を曲げないという意味で使われている。「うちのボスは、ぶれないところが信頼できます」など。

□打たれ強い

逆境に強いことで、相手の苦境を乗り切る力、挫折を乗り越える力をくすぐることができる。「君の打たれ強さには、本当に感心するよ」など。

□骨《ほね》がある

この「骨」は「気骨」を意味し、「骨がある」は信念を曲げないという意味。上司に直言するなど、自分の意見を貫くタイプをこの言葉でくすぐれば、喜んでくれるはず。

□洒脱《しゃだつ》

あかぬけて、さっぱりしている様子。人に対しては、「洒脱なお人柄で、話しやすい方ですよ」などと使う。なお、「洒」は「酒」と違う漢字なので、注意。

□飾り気のない

表面を飾る気持ちのない様子、自分をよく見せようとしない態度。飾り気のない人柄で、一緒にいても疲れません」、「飾り気のない口調が、彼の誠実さを物語っています」のように使う。

□太《ふと》っ腹《ぱら》

度量が大きいこと。気前のいいこと。「全員におごってくれるなんて、さすが太っ腹ですねえ」など。

□度量が大きい

「度量」は本来は、物差しと升《ます》のことで、そこから長さと容積を指す。「度量が大きい」は、人の言動を受け入れる心の大きさを表す。「度量が大きい人物で、大勢の後輩から慕われています」など。

□存在感がある

「存在感」は、独特の持ち味があり、黙っていても、その人の存在を意識せざるをえないような感じ。おおむね、無口な人、とりたててほめるところのない人を「○○さんって、存在感がありますね」などとくすぐるために使われる。

◉「頭の良さ」をくすぐるときのひとつ上の言い方

□地頭《じあたま》がいい

「頭のよさ」は案外ほめにくい事柄で、言葉をうまく選ばないと、ずる賢いというニュアンスが含まれてしまう。「彼は、頭がいいから」などは、そのNG例。その点、「地頭がいい」は、誤解されることなく、相手をくすぐれる言葉。学歴や偏差値には表れない頭のよさを意味する言葉であり、ずる賢いという意味は含まない。

□切れる

これも、ずる賢いという意味を含むことなく、頭のよさをほめられる言葉。頭の回転が速く、物事を巧みに処理する能力がある様子を意味し、「彼ほど、切れる人を見たことがありません」などと使う。名詞にすると「切れ者」で、「彼ほどの切れ者ですから、どこへ行ってもやっていけると思いますよ」など。

□**頭脳明晰**

頭がよく、考え方が論理的な様子。「じつに、頭脳明晰な方ですよ」など。

□**精通している**

ある分野について、詳しく知っている様子。「彼ほど、業界内の事情に精通している人物を見たことがありません」など。なお、「精しい」で「くわしい」と読む。

□**見識ある**

深く広い知識・経験を持つさまで、「○○さんの見識には、誰もが一目置いています」などと、相手をくすぐることができる。また、目上にほめられたときは、「見識ある方にほめられ、幸せです」などと、くすぐり返すことができる。

◉「格の違い」をくすぐるときのひとつ上の言い方

□桁《けた》が違うお話

相手がスケールの大きな話をしたときに使う言葉。「桁が違う」という言葉で、相手をはるか格上と思う気持ちを表せる。「まるで桁が違うお話で、面食らっております」など。「スケールの大きなお話で」も、同様に使える言葉。

□及びもつかないお話

これも、相手がスケールの大きな自慢話をしているときに使う言葉。「私なんか、とても及びもつかないお話で」など。

□圧倒される

前項の「及びもつかないお話」と組み合わせ、「私など、及びもつかないお話で、圧倒されるばかりです」と使うこともできる。

◉「出来ばえ」をくすぐるときのひとつ上の言い方

□めりはりが利く

強弱の変化のつけ方が適切で、ツボをおさえているさま。邦楽で、音を下げることを「めり（減り）」、高い音で演奏することを「はり」と呼ぶことから生まれた言葉。「めりはりが利いた表現」、「めりはりが利いた仕事ぶり」など。

□ピカ一

数あるもののうち、一つだけ抜きんでている存在。花札の「光り物」を「ピカ」と呼び、「ピカ一」という役があることから。ある集団のなかの図抜けたトップに対して使う言葉で、「彼は同期でも、ピカ一の存在ですよ」など。

□折り紙付き

たしかなもの。江戸時代、二つ折りの紙を刀の鑑定書に用いたことに由来する言葉。もとが鑑定書だけに、「○○さんの折り紙付きの若者」のように、〝鑑定人〟をはっきりさせて使うこともできる。

□金字塔

後世まで伝えられるような、すぐれた業績。大きな成果をあげた人に対して、「金字塔を打ちたてられましたね」などと使う。「金字塔」は本来はピラミッドのことで、金の字に形が似ていることから。

□神《しん》に入《い》る

技術などがひじょうにすぐれていて、人間業《わざ》とは思えないさま。すばらしい手仕事などに対し、「まさしく神に入った技術ですね」のように使う。

□粋《すい》を集める

すぐれたものを集めるという意味。ビジネスでは、「技術の粋を集める」という形でよく使われる。「小社の技術の粋を集めてつくった商品です」のように。

◉「一番であること」をくすぐるときのひとつ上の言い方

□先鞭をつける

人よりも先に、物事に手をつけること。最初に手をつけた先見の明のある人をたたえる言葉。「現在の発展は○○さんが先鞭をつけられたからこそです」など。

□嚆矢《こうし》となる

「嚆矢」は、放つと音がする鏑矢《かぶらや》のこと。昔、中国では合戦の初めに、鏑矢を敵陣に放ったことから、物ごとのはじめ、最初という意味になった。「彼の発見が、その学問分野の嚆矢となる」のように使う。

□魁《さきがけ》となる
物事の先頭になること。「○○さんは女性CEOの魁として」など、スピーチで人を持ち上げるときになどによく使われている。

●どんな事柄でも、上品にくすぐれる①

□晩節をまっとうする
「晩節」は晩年における節操のことで、「晩節をまっとうする」は、晩年も自分の信念や生き方を貫いたという意味。最期まで立派に生き抜いた人をほめるときに使うと、しっくりくる。反対は「晩節を汚す」。

□身が縮む思い
恐縮する思いのこと。ほめられたときには「過分なお言葉をいただき、身が縮む思いです」、人に意見するときは「身が縮む思いで、申し上げます」のように使える大人用の慣用句。

□綺羅星《きらほし》のごとく

立派な人が連なるように多数いるさま。「綺羅星のごとく、人材がそろい、うらやましい限りです」など。なお、「きらぼし」と読むと間違いなので、注意のほど。

□金看板を背負う

世間に対して、何かのしるしを誇らしく掲げること。「金看板」は金文字を彫り込んだ看板のことで、そこから世間に堂々と示す主張や目印という意味になった。

□一枚看板

こちらの看板は、もとは歌舞伎で芝居小屋の前に飾った大きな看板のこと。唯一の宣伝効果を持つことから、ほかに代わるものがない、すぐれたものを意味するようになった。「彼は、うちの設計チームの一枚看板ですから」のように使う。

□時間を忘れる

時がたったことに気づかないほどという意味で、会合に参加したときに「たいへん楽しかった」という思いを伝えるときに使う言葉。「思わず時間を忘れてしまいました」など。

□欣快《きんかい》の至り

たいへん喜ばしく、気分がいいこと。大人社会では、自分のことよりも、人の成功などを喜ぶときに使うことが多く、「朗報を耳にできるとは、欣快の至りです」など。

□風情がある

しみじみとした趣があるさま。接待で老舗の和食店に案内されたときには、とりあえず「風情があるお店ですね」と、ほめておけばいい。

□滋味あふれる
「滋味」は、もとは食べ物のうまい味わいのことで、そこから「滋味あふれる」は物事に深い味わいが感じられることを意味するようになった。「滋味あふれる作品」など。

◉どんな事柄でも、上品にくすぐれる②

□春秋に富む
年が若く、将来が長いことで、将来性がある青年に対して使う言葉。「春秋」は年月や年齢のことで、これから先も年月がたくさん残っている（富む）という意味。

□人口に膾炙《かいしゃ》する
広く世間の人々の話題となること。「人口に膾炙した業績」など。「膾炙」はなますとあぶり肉のこと。おいしいものが多くの人の口に合うことから、今の意味に。

□錦を飾る

出世して故郷に帰ること。「錦」は、色糸で華麗な模様を織り出した織物の総称。相手がさほど出世していなくても、帰郷したときには「故郷に錦を飾られましたねえ」と迎えるのが大人の社交辞令。

□真骨頂を発揮する

「真骨頂」は、そのもの本来の姿のこと。大人社会では、相手の意外な能力をほめるときに使うことが多い。技術畑のエースに関して、「彼の真骨頂は、じつは交渉力にあるんです」のように。

□拝顔の栄に浴する

貴人などの顔を見る栄誉にあずかること。相手が貴人に限らず、人に会うことを謙遜していうときの言葉。「一度、拝顔の栄に浴したいと存じておりました」など。

□中庸《ちゅうよう》を得る
偏らず、調和がとれているさま。するどいところがない凡庸な意見を否定するときは、「中庸を得た意見とは思いますが～」と前置きするといい。

◉どんな事柄でも、上品にくすぐれる③

□壮とする
立派だと認める。現実には、賛成するわけではないが、その心意気のみは立派だと思うという意味で使われることが多い。「賛否は別として、その志は壮とします」のように。

□掉尾《ちょうび》を飾る

最後に一段とうまくいくこと。「掉尾」は「尾を振る」の意味で、釣られた魚が激しく尾を振ることから出た表現。トウビは慣用読みで、本来はチョウビと読む。なお、株式市場では、年末最後に株価が上がることを「掉尾の一振《いっしん》」という。

□鬼気迫る

身もすくむような、おそろしい気配がすること。「鬼気迫るものがある」が定番の使い方で、「近頃の仕事ぶりには、鬼気迫るものがありましたから」など。

□眼福《がんぷく》にあずかる

「眼福」は眼の幸福、つまり目の保養という意味。人から骨董品や美術品を見せられたときに使う大人語で、「望外にも、眼福にあずかりまして、ありがたく存じます」のように使う。

Column 3

47都道府県別"くすぐりのツボ"一覧

相手の出身県に合わせて、この話題でくすぐろう！

話し相手の出身地を話題にすれば、あいづちを打つだけで、相手を雑談の主役にすることができます。このコラムで紹介するのは、出身県別の鉄板級の話題。「食」、「観光地」、「県出身の有名人」などのネタで、相手をうまくくすぐりましょう。

□**北海道**……土地の「食」の名産品は、雑談を盛り上げる格好のテーマ。北海道は、カニ、海産物、ラーメン、ジンギスカン料理など、テーマが豊富。ほかに、冬の雪・寒さ対策、梅雨がないこと、ゴキブリがいないことなどを話題にすると、質問しやすく、雑談を盛り上げやすい。

□**青森県**……食は、りんご、マグロに加えて、にんにく。観光地は、夏のねぶたが鉄板ネタ。

□**岩手県**……食は、盛岡の冷麺、三陸の海産物（ウニ、ホヤ）など。観光地は、世界遺産にも登録されている中尊寺。「金色堂には一度行ったことがあります」などと、話題を振ればいい。

□**宮城県（仙台市）**……食は、仙台の牛タンが鉄板テーマ。観光地は、青葉城（仙台城）と仙台の七夕まつり。また、地元の英雄、伊達政宗も話題にしやすいが、仙台出身者には「伊達政宗公」と尊称をつける人が多いので、注意。相手がプロ野球好きの場合は、楽天イーグルスも話題にできる。

□**秋田県**……食は、しょっつるや魚のはたはた。観光地は、十和田湖、白神山地（世界遺産）。「秋田美人」も、多少下世話ではあるが、盛り上がれる可能性のある話題。

□**山形県**……食は、さくらんぼ、冷しラーメン、山形牛。観光地は、出羽三山、蔵王の樹氷。

□**福島県**……食は、喜多方ラーメン。会津出身者には、幕末期の会津戦争の話を聞くこともできるが、つらい話なので、相手が避けるようなら、話題を変えること。

□**茨城県**……食は、納豆、あんこう鍋。水戸出身者には、水戸黄門と水戸の偕楽園。

□**栃木県**……食は、宇都宮の餃子、とちおとめ（イチゴ）。観光地は、日光（世界遺産）、華厳滝、鬼怒川温泉。

□**群馬県**……食は、焼きまんじゅう、うどん。観光地は、草津、伊香保などの温泉。名物のかかあ天下、からっ風も話題にできる。

□**埼玉県**……県の東西、南北で地域性が大きく異なるため、共通のテーマとなるのは、西武ライオンズ(野球)、浦和レッズ(サッカー)くらい。熊谷市周辺の出身者には「日本一暑い街」問題を振ると、いろいろな話をしてくれるだろう。

□**千葉県**……食は、落花生、梨、ピーナッツ、海の幸。エリアによっては、東京ディズニーランド、鴨川シーワールドなど、近場のテーマパークを話題にすると、盛り上がりやすい。

□**東京都**……現在の旬の話題は、2020年の東京五輪に向けた工事、外国人観光客が増えたことなど。

□**神奈川県**……相手の出身エリアに応じて、話題は違ってくる。横浜市や東部出身者には、中華街、湘南、鎌倉。西部出身者には、箱根(温泉)、富士山など。

□**山梨県**……食は、甲州ワイン、ブドウ、ナシ。出身者は、何といっても武田信玄。山梨県出身者には、信玄公と敬称をつける人が多いので注意。

□**新潟県**……食は、コメ(コシヒカリ)、日本酒、へぎそば。有名人は、上杉謙信。仙台の政宗公や山梨県の信玄公と同様に新潟県出身者には謙信公と敬称をつける人が多いので注意。

□**長野県**……広い県であり、出身エリアによって、話題は違ってくる。観光関係では、南部は、諏訪湖（花火、御神渡《おみわた》り）、中部は松本城、北部は善光寺など。

□**岐阜県**……観光地は、白川郷（世界遺産）、高山市の町並み、下呂温泉など。相手が歴史好きの場合は、関が原の戦い、岐阜城、犬山城（国宝）などを話題にできる。

□**静岡県**……食は、日本茶、フルーツ、海産物。観光地は、富士山、伊豆半島の旧跡、温泉、河津桜など。

□**愛知県（名古屋市）**……食の定番は、いろいろな名古屋飯。味噌カツ、味噌煮込みうどん、味噌おでん、あんかけスパゲッティ、手羽先、小倉トースト、喫茶店のモーニングなど、話題は事欠かない。観光地は、天守閣の再建築も検討されている名古屋城が、現在の定番。

□**富山県**……食は、氷見《ひみ》のブリ、ホタルイカ。観光地は、黒部アルペンルート、黒部渓谷、立山など。

□**石川県**……食は、海の幸が中心。観光地は、金沢市の町並みや兼六園など。

□**福井県**……食は、越前ガニ、B級グルメのソースカツ丼。観光地は、近年人気の恐竜博物館や一乗谷遺跡。東尋坊、あわら温泉。

□**三重県**……食は、松阪牛、伊勢エビ、伊勢うどん。観光地は、伊勢神宮に加え、伊勢志摩、伊賀上野（忍者）など。

□**滋賀県**……食は、鮒鮨、近江牛。観光地は、琵琶湖のほか、安土城、三井寺、彦根城（ゆるキャラのひこにゃん）。

□**京都府（京都市）**……食は、おばんざい、湯豆腐、にしんそば、懐石料理。観光地は、清水寺、知恩院、金閣寺、銀閣寺、嵐山、祇園（舞妓さん）など。最近は、外国人観光客の急増によるいろいろな変化も話題にできる。

□**大阪府**……食は、たこ焼き、お好み焼き、串カツ、どて焼きなどのB級グルメ。観光地は、大阪城。最近は、京都と同様、外国人観光客の多さ。

□**兵庫県（神戸市）**……食は、洋菓子やパンのブランド、神戸牛。観光地は、北野の異人館、有馬温泉、姫路城（世界遺産）。

□**奈良県**……食は、茶粥が有名。観光地は、東大寺（奈良の大仏）、飛鳥、法隆寺、平城宮跡など。

□**和歌山県**……食は、ミカン、梅干し（南高梅）。観光地は、熊野古道（世界遺産）、白浜のパンダ。

□**鳥取県**……食は、カニ、海産物。観光地は、鳥取砂丘、水木しげる妖怪ロード（境港市）、温泉地。

□**島根県**……食は、松葉ガニ。観光地は、出雲大社（縁結び）、宍道湖、松江城、石《いわ》見《み》銀山（世界遺産）。

□**岡山県**……食は、桃。観光地は、瀬戸大橋、大原美術館（倉敷）。

□**広島県**……食は、広島風お好み焼き、もみじ饅頭、カキ、尾道ラーメン。観光地は、厳島《いつくしま》神社や原爆ドーム（ともに世界遺産）。そして、広島カープの動向。

□**山口県**……食は、下関のフグ、イカなどの魚介類。観光地は、萩の町並み、秋吉台（鍾乳洞）、巌流島。歴史好きには、長州藩が明治維新の原動力になったこと。

□**徳島県**……食は、スダチ。観光地は、阿波おどり、鳴門の渦潮、大塚美術館、平家の落人の村。

□**香川県**……食は、讃岐うどん、小豆島のオリーブ。観光地は、金刀比羅宮、栗《りつ》林《りん》公園、屋島（源平合戦）。

□**愛媛県**……食は、ミカンなどのかんきつ類、ミカンジュース。観光地は、道後温泉、しまなみ海道。人物では、夏目漱石、正岡子規。

□**高知県**……食は、カツオ、皿鉢《さわち》料理、酒豪ぶり。観光地は、四万十川、室戸岬、足摺岬など。人物は、何といっても、坂本龍馬。

□**福岡県**……食は、とんこつラーメン、辛子明太子、中州（福岡市）の屋台の話。スポーツ関係は、福岡ソフトバンク。

□**佐賀県**……食は、イカなどの魚介類、嬉野《うれしの》のお茶。観光地は、焼き物（伊万里、有田）、吉野ケ里遺跡、唐津くんちなど。

□**長崎県**……食は、長崎チャンポン、皿うどん、カステラ。観光地は、グラバー邸、大浦天主堂など。

□**熊本県**……食は、天草を中心とする海産物。観光地は、熊本城（地震被害）、阿蘇山。くまモンの人気。人物は、加藤清正公で、地元の人は「せいしょうこう」と呼ぶ。

□**大分県**……食は、とり天、から揚げ。観光地は、別府・湯布院などの温泉、やまなみハイウェイ。

□**宮崎県**……食は、地鶏料理。観光地は、高千穂、日南海岸などの観光地。スポーツ関係は、春は巨人軍のキャンプ。

□**鹿児島県**……食は、芋焼酎。観光地は、桜島、城山、霧島、指宿《いぶすき》（砂風呂）。人物は、西郷隆盛（西郷どん）。

□**沖縄県**……食は、泡盛（焼酎）、チャンプルー料理。観光地は、美《ちゅ》ら海水族館、首里城、エイサー（踊り）。本土とのいろいろな風俗習慣の違いも、話題にできる。

青春文庫

できる大人《おとな》の人間関係《にんげんかんけい》
1秒《びょう》でくすぐる会話《かいわ》

2019年 9月20日 第1刷

編　者　話題《わだい》の達人《たつじん》倶楽部《くらぶ》

発行者　小澤源太郎

責任編集　株式会社プライム涌光

発行所　株式会社青春出版社

〒162-0056 東京都新宿区若松町12-1
電話 03-3203-2850（編集部）
03-3207-1916（営業部）
振替番号 00190-7-98602

印刷／中央精版印刷
製本／フォーネット社
ISBN 978-4-413-09730-7

言ってはいけない！やってはいけない！
大人のNG

知らないとマズい日常生活のNGから、誰も教えてくれない業界NGまで……。実はそれ、アウトです！

話題の達人倶楽部［編］

(SE-728)

ヤバいほど面白い！
理系のネタ100

「あのメロディ」が頭にこびりついて離れないのはなぜ？「まぜるな危険」を混ぜたらどうなる？など、人に言いたくなる理系雑学

おもしろサイエンス学会［編］

(SE-729)

できる大人の人間関係
1秒でくすぐる会話

「いいね！」にはコツがいる。誰でも一瞬で気分が良くなる〝スイッチ〟の見つけ方。

話題の達人倶楽部［編］

(SE-730)

目からウロコの「実践」脳科学
あなたの脳のしつけ方

「聞きわけのいい脳」をつくるちょっとしたコツを大公開！思い通りの人生を手に入れるヒント。

中野信子

(SE-731)